Marion Hofmeier · Eva Reichert · Thomas Sadler
In Zusammenarbeit mit dem Landratsamt Augsburg

Augsburger
Land & Küche

Marion Hofmeier · Eva Reichert · Thomas Sadler
In Zusammenarbeit mit dem Landratsamt Augsburg

Augsburger
Land & Küche

Kulinarische Reise durch den Landkreis

schmeckt³ Verlag - regio edition 2017

Impressum

1. Auflage 2017

Druck und Bindung: Firmengruppe APPL, aprinta druck GmbH, Wemding
Printed in Germany
Lektorat: Elisabeth Haus, M.A. (Germanistik, Anglistik, Komparatistik), Bad Endorf
Umwelthinweis: Gedruckt auf FSC-zertifiziertem Papier (Forest Stewardship Council)
ISBN 978-3-9814027-5-9

MIX
Papier aus verantwortungsvollen Quellen
FSC® C004592

Bibliografische Informationen der Deutschen Bibliothek: Die Deutsche Nationalbibliothek verzeichnet diese Publikation in der Deutschen Nationalbibliografie; detaillierte bibliografische Daten sind im Internet unter http://dnb.d-nb.de abrufbar.

Bildquellen: Die Bilder stammen von Marion Hofmeier, Thomas Sadler und dem Kreisbildarchiv (Cover unten, 7, 23, 42, 45 oben, 48, 50, 53 oben, 57 oben, 68, 73 oben, 75 oben, 95 oben, 107 oben, 115 oben, 129 oben, 133 oben, 138, 145 oben, 147, 152). Weitere BIlder stammen aus dem Fotowettbewerb des Landkreises Augsburg im Jahr 2016: Fynn Schröder (10), Hermann Rosenwirth (12 mitte links, 122 unten 2. vl) Martin Küchelbacher (12 unten Mitte, 48 unten 1. vl und unten 4. vl), Elisabeth Maier (12 mitte unten), Richard Stiglmeir (12 oben rechts), Stefan Koch (12 unten rechts), Christine Walter (12 unten rechts), Jonas Küter (14), Elisabeth Rager (15 oben), Gerhard Kempf (17 oben), Norbert Balleis (19 unten, 111 oben), Barbara Matt (20, 31 oben, 135 oben), Barbara Kugelmann (21 oben, 59 oben), Andreas Schönekeß (26, 41 oben, 77 oben), Max Trometer (27 oben, 103 oben), Peter Brixle (29 oben), Carina Burkhard (32), Martina Dick (33 oben), Marlies Schenk (35 oben), Markus Wanner (37 oben, 122 4. vl), Melanie Luca-Satzger (38), Roland Schnell (39 oben), Benedikt Eichele (43 oben), Anna Aschner (47 oben), Thomas Hack (48 unten 2. vl, 69 oben, 151 oben), Daniel Geiger (48 unten 3. vl, 101 oben, 122 unten links, 139 oben), Shanna Schneider (48 rechts unten), Denise Sedlmeir (48 rechts oben, 81 oben), Monika Metzger (51 oben), Silvia Gaugenrieder (55 unten, 105 unten), Sebastian Bernhard (56, 84 rechts oben, 132 oben), Familie Vogg (62),Tom Hegen (63 oben, 78), Michael Kalb (65 oben), Gemeinde Kutzenhausen (67 oben), Gemeinde Scherstetten (71 oben), Gertrud Schröder (74, 84 unten 2. vl), Dr. Peter Schneider (79 oben), Reiner Eggstein (83 oben), Kim Laura Rychly (84 Hintergrundbild), Helmut Maschke (84 mitte links), Christa Preschl (84 rechts unten), Lorenz Hillenbrand (84 unten 4. vl), Ulf Weisser (84 unten links), Rupert Fiehl (84 unten 3. vl), Manuel Wolff (86), Heinz Hartmuth (87 oben), Dirk Grunenberg (89 oben), Felix Meister (93 oben, 122 links), Joachim Schröder (94), Karl-Heinz Christof (100, 106), Helmut Lemmer (109 oben), Gemeinde Diedorf (112), Matthias Egger (113 oben, 149 oben), Ramona Frodl (116), Erwin Goßner/Bürgermeisteramt Großaitingen (117 oben), Simon Bestel (119 oben), Simone Morenweiser (121 oben), Arnold Schenk (122 Hintergrundbild), Daniela Kreisl (122 rechts unten), Förderverein Mittlere Mühle(122 unten 3.vl und oben rechts), Alina Matzner (124), Eva Esterer (125 oben), Alfred Weglehner (127 oben), Fabian Lutz (131 oben), Marcus Strobel (137 oben), Bernhard Rädle (141 oben), Eugen Schnitz (142), Sabine Keiß (143 oben), Daniel Blaser/Photoresque (147 oben), Patrick Rosyk (148), Georg Atzkern (153 oben), Torsten Willms (155 oben).

Inhalt

Das Augsburger Land

Landrat Martin Sailer

Liebe Leserinnen und Leser,

wenn ich an regionale Küche denke, kommt mir sofort der selbstgemachte Apfelstrudel meiner Oma in den Sinn, mit dem sie immer die ganze Familie verwöhnte. Jeder von uns hat bestimmt eine solche Kindheitserinnerung, die ihn an die „gute alte Zeit" zurückdenken lässt. Der Trend zurück zu den Wurzeln, zum Selbstgemachten mit heimischen Produkten ist seit ein paar Jahren wieder sehr beliebt. Und das ist auch gut so!

In der Region Augsburg finden sich eine Vielzahl an Märkten, Hof- und Dorfläden, die heimische Produkte in hervorragender Qualität anbieten. Diese in Zeiten von Billigpreisen in Supermärkten zu unterstützen, halte ich für äußerst wichtig. Unser Kochbuch gibt Ihnen eine Übersicht der Direktvermarkter im Augsburger Land und regt Sie bestimmt dazu an, eines der vielen leckeren regionalen Rezepte nachzukochen. Zudem darf ich Sie mit unserem Buch auf die Reise durch unseren wunderschönen Landkreis schicken.

Dabei wünsche ich Ihnen viel Freude und gutes Gelingen!

Herzlich Ihr

Martin Sailer
Landrat

Kochbuchteam Landratsamt
vl Julia Horn, Carina Burkhard
& Sabrina Büchele

...Die Idee

und der Weg zum Buch

Die Bewohner des Landkreises Augsburg sind richtige Genießer und bekannt für ihre Heimatverbundenheit. Deshalb lag die Idee nahe, Heimat und Essen zu verbinden. Am Schönsten ist es doch, wenn man weiß, woher und wie das Essen auf den Teller kommt.
Unser Augsburger Land bietet eine Vielzahl an Produkten, mit denen man jede Menge leckere Gerichte zubereiten kann, die Oma schon gekocht hat. Und mal Hand aufs Herz - wer hat besser gekocht als Oma?
So entstand bei uns im Büro des Landrats die Idee, ein regionales Kochbuch zu kreieren, mit dem wir nicht nur Kochbegeisterte, sondern auch Liebhaber der Region begeistern wollen. In Zusammenarbeit mit den Autoren des schmeckt³-Verlages ist es gelungen, diese Idee zu verwirklichen und ein passendes Rezept für jede Gemeinde zu finden.
In jeder Region finden wir die verschiedensten Angebote, wie Wochenmärkte, Dorfläden oder Hofläden. Es gibt sicherlich kein schöneres Gefühl, als frische Milch oder noch warme Eier direkt um die Ecke zu kaufen und damit selbstgemachte Pfannkuchen zu backen. In unserem Kochbuch haben wir eine Übersicht über Anbieter im Landkreis Augsburg, die Erzeugnisse aus der Region verkaufen, zusammengestellt.
Da wir selbst im Landkreis Augsburg wohnen, finden wir es wichtig, nicht nur auf Geschmack, sondern auch auf die Herkunft der Erzeugnisse zu achten und die Region zu unterstützen. Denn wir möchten noch möglichst lange mit Produkten aus dem eigenen Dorf kochen.
Wir wünschen Ihnen viel Spaß beim Einkaufen und Nachkochen der Rezepte, die nicht nur Regionen sondern auch Menschen verbinden.

Julia Horn, Carina Burkhard & Sabrina Büchele
Büro des Landrats

Unsere kulinarische Reise...

Autorenteam
v/l Eva Reichert, Thomas Sadler & Marion Hofmeier

... führte uns dieses Jahr durch das Augsburger Land.
Nach unseren bio-regionalen Kochbüchern Freising Schmeckt, Chiemgau schmeckt und Hohenlohe schmeckt sind wir nun glücklich, dass wir gemeinsam mit dem Büro des Landrats das Konzept weiterentwickeln und somit die Besonderheiten des Augsburger Landkreises herausstellen konnten. Auch das Zusammenspiel von regionalen und saisonalen Zutaten im Zusammenhang mit traditionellen Gerichten sowie neue Rezepte mit heimischen Zutaten zu kreieren bereitete uns viel Freude. Mitautorin Marion Hofmeier ist im Holzwinkel aufgewachsen und hat seit einigen Jahren hier wieder ihren Lebensmittelpunkt.
Entstanden ist nun ein Buch, das Spaß macht! Durch die Jahreszeiten blättern, ein spannendes Gericht auswählen, sich inspirieren lassen, was der Landkreis zu bieten hat...
Bei der Entstehung dieses Buches haben uns viele Menschen tatkräftig unterstützt. Dafür bedanken wir uns sehr herzlich bei: Susanne Abt, Cornelia Birling-Schurer, Andrea und Anton Büchele, Elisabeth Haus, Edeltraud Hofmeier, Samira Hofmeier, Prof. Dr. Werner König, Silke Mayr, Wilhelm Probst, Stella Reichert, Dirk Seiferheld, Erhard Wackerbauer, den Rezeptgeberinnen und Rezeptgebern dieser Rezepte: Kräuterbrot mit Herbstsalat - Susanne Abt, Verlorene Eier mit Bratkartoffeln - Thekla Braun, Saucenrezept für Lamm-Leber mit Apfelrädla - Thomas Garner von der Zusamtaler Saftmanufaktur, Gschwollene mit Kartoffelsalat - Sabine Nützl, Apfelstrudel - Christine Thalhofer, Bautza mit Kraut oder Apfelmus - Marianne Britzlmair, den Gemeinden im Augsburger Land, den Erzeugern, Direktvermarktern und Verarbeitern im Landkreis sowie den Fotografinnen und Fotografen des Fotowettbewerb 2016 des Landkreises Augsburg.
Unser großer Dank gilt dem Landratsamt Augsburg, das uns mit Tatkraft, Bildern und Texten sehr unterstützt hat, insbesondere danken wir herzlich der Kreisheimatpflegerin Claudia Ried für die Einleitungstexte der Regionsseiten sowie Julia Horn, Carina Burkhard und Sabrina Büchele aus dem Büro des Landrats!
Wir wünschen Ihnen viel Freude beim Schmökern, Nachkochen und Genießen. Einen guten Appetit!

Marion Hofmeier, Eva Reichert & Thomas Sadler
Baiershofen und Freising, November 2017

Rezept mit Fleisch
Rezept ist ein Traditionsgericht
Rezept mit Fisch
Vegetarisches Rezept
Hüftgoldfaktor
1 - fast gar nicht
2 - ein klein wenig
3 - gehaltvoll aber guad
4 - die Menge machts
Veganes Rezept
Schwierigkeitsgrad
* leicht
** mittel
*** anspruchsvoll
Uhr-Anzeige links
Vorbereitungs-, Koch- und Backzeit
Uhr-Anzeige rechts
Zubereitungszeit

Das zeichnet das Buch aus:

- Über 100 Rezeptideen, einfach nachzukochen, aufgeteilt nach Jahreszeiten und Regionen
- Bodenständige Gerichte, mal regionaltypisch, mal traditionell, mal ganz neu aus der Küche der Autoren
- Rezepte können zu über 95 % mit Zutaten aus dem Landkreis gekocht werden, sind aber auch in allen anderen Regional-Küchen kochbar
- Zahlreiche Zubereitungstipps und Variationsmöglichkeiten
- Jedes Rezept hat eine Kurzcharakteristik: Traditionsgericht, Zusammensetzung der Gerichte, Angabe zur Zubereitungszeit, Hüftgoldfaktor und Schwierigkeitsgrad
- Mehr als Augsburger Land-Esskultur: Wir präsentieren in kurzweiligen Tipps entdeckenswerte Orte und Sehenswürdigkeiten im Landkreis
- Die Gemeinden im Landkreis sind kurz vorgestellt, garniert mit Veranstaltungstipps und Lieblingsplätzen
- Der Anhang enthält eine umfangreiche Übersicht von Direktvermarktern und Hofläden im Augsburger Land sowie einen Saisonkalender

PS: Kein Betrieb, Institution oder Firma hat für den Eintrag bezahlt oder sich eingekauft. Vielleicht haben Sie Ihren Lieblings-Erzeuger nicht im Adressverzeichnis gefunden? Oder Sie vermissen ein bestimmtes, traditionelles Rezept, typisch für das Augsburger Land? Schreiben Sie uns gerne an post@schmeckthochdrei.de.

Frühling

"Alles neu macht der Mai", so lautet ein altes Sprichtwort.
Im Augsburger Land ist der 1. Mai auch heute noch etwas ganz besonderes. So finden rund um die Freinacht am 30.04., in der so mancher Streich erlaubt ist, in fast allen Dörfern Maifeiern und Maibaumfeste statt.

Schlafzimmer

LECH-SCHMUTTER-TAL

NICHT VERPASSEN! DO MUASCH NO!

APRIL:
Jahrmarkt mit verkaufsoffenem Sonntag in der Schloß- und Hauptstraße in Meitingen

MAI:
Mitte Mai Georgi- oder Straßenfest der Pfarrei Westendorf

An Pfingsten:
Kellereröffnung im Kloster Holzen (Musikverein Ehingen)

Während auf dem Areal des heutigen Eggelhofes durch archäologische Ausgrabungen eine frühe Holzkirche aus der Zeit um 800 n. Chr. nachgewiesen werden konnte, befindet sich nur unweit davon entfernt mit der Pfarr- und Wallfahrtskirche St. Jakobus d. Ä. und Laurentius in Biberbach ein wahres Juwel der Barockzeit. Der 1697 geweihte Bau des Vorarlbergers Valerian Brenner ist aufgrund seines Gnadenbildes, welches im Volksmund als „Herrgöttle von Biberbach" bezeichnet wird, äußerst sehenswert.

Gemeinde Markt bei Biberbach

Marktsalat

frischer Frühlingssalat mit paniertem Käse

Für 4 Portionen:

400 g halbfester Schnittkäse
2 EL Mehl, 2 Eier
4 EL Semmelbrösel
1 Bd. Radieschen
½ Bd. Petersilie
1 Frühlingssalat
2 TL Senf, 2 TL Honig
6 EL Joghurt
2 EL Essig
Öl, Salz, Pfeffer

Käse in ca. 2 x 2 cm Würfel schneiden und panieren. Zuerst in Mehl, dann in den verquirlten, mit Salz und Pfeffer gewürzten Eiern und zuletzt in den Semmelbröseln wenden. Radieschen putzen, waschen und in dünne Scheiben schneiden. Petersilie waschen, trocken schleudern und klein hacken. Salat waschen, trocken schleudern und mit der Hand zerrupfen.

Für das Dressing den Senf mit Honig mischen und mit Joghurt sowie Essig vermengen. Mit Salz und Pfeffer abschmecken.
Öl in einer Pfanne erhitzen und Käsewürfel ca. 1-2 Minuten von jeder Seite knusprig braten. Würfel kurz auf Küchenpapier abtropfen lassen und auf dem Salat zusammen mit dem Dressing anrichten. Mit gehackter Petersilie garnieren.

HASCH DES SCHO GWISST?

Biberbach ist aufgrund seiner Wallfahrtskirche mit dem "Herrgöttle von Biberbach" weit über Schwaben hinaus bekannt. Auch den Kennern der klassischen Musik ist Biberbach ein Begriff, fand doch dort 1766 ein Wettstreit musikalischer Art zwischen Wolfgang Amadeus Mozart und Sigmund Eugen Bachmann statt. Gebet zum Herrgöttle von Biberbach um eine gute Idee zu bekommen:
Liabs Herrgöttle von Biberbach,
schlag ra, schlag grad ra, schlag bolzegrad ra. Amen."

Altbayerische Brotsupp

Raffinesse aus altbackenem Brot

Für 4 Portionen:

100 g trockenes Brot
1 Zwiebel
½ Bd. Suppengemüse
60 g Butter
2 EL Mehl
1 l Brühe (S.159)
1 EL Sauerrahm
50 ml Milch
Salz, Pfeffer, Muskat

Brot in kleine Stücke schneiden. Zwiebeln und Suppengemüse fein würfeln. In einem Topf das Brot in etwas zerlassener Butter anschwitzen, dann Zwiebeln und Suppengemüse zufügen und kurz mitbraten. Mit Mehl bestäuben, umrühren und mit der Fleischbrühe aufgießen.
Auf kleiner Flamme 20-30 Minuten köcheln lassen.
Suppe mit dem Stabmixer pürieren, Sauerrahm einrühren und mit Salz, Pfeffer und Muskat abschmecken. Zum Schluss die Milch zugeben.

Mit Brotcroutons, Schnittlauch und Sauerrahm dekoriert servieren.

Hasch des scho gwisst?

In der traditionell bekannten Brotsuppe werden gewürfelte Zwiebeln und Speck angeröstet und mit alten Brotscheiben in einen Teller gegeben. Anschließend wird das Ganze mit dem Kochwasser von den Salzkartoffeln übergossen und in der Suppe vor dem Servieren kurz ziehen gelassen.

Osterbrunnen in Meitingen

Osterlamm

Lammrollbraten mit Schmorgemüse

Für 4 Portionen:

3 Schalotten
2 Knoblauchzehen
4-5 Zweige Rosmarin
5 EL Petersilie
3 EL Öl
1 kg Lammbraten
½ Sellerieknolle
200 g Karotten
1 Pastinake
½ l Brühe (S.159)
Salz, Pfeffer

1 Schalotte sowie Knoblauch schälen und zusammen mit Rosmarin und Petersilie fein hacken und mit 2 EL Öl in den Mixer geben. Das Fleisch in der Mitte längs aufschneiden und von beiden Seiten mit Salz und Pfeffer würzen.

Die aufgeschnittene Seite mit dem eben hergestellten Pesto einstreichen und von der Querseite aufrollen. Anschließend mit Küchengarn zusammenbinden. 1 EL Öl in einer großen Pfanne oder einem Bräter erhitzen. Fleisch darin rundherum braun anbraten, herausnehmen. Restliche Schalotten, Sellerie, Karotten und Pastinake in Würfel schneiden und zusammen mit dem Fleisch auf der Fettpfanne des Backofens verteilen. Mit Brühe angießen und im vorgeheizten Backofen ca. 60 Minuten bei 175°C (Umluft) garen.

Braten herausnehmen, in Scheiben schneiden und zusammen mit dem Gemüse anrichten.

HASCH DES SCHO GWISST?

Osterbrunnen - Ein Brauch der Neuzeit
Brunnen werden seit Anfang des 20. Jahrhunderts geschmückt, vermutlich aus touristischen Zwecken in der fränkischen Schweiz das erste Mal ausgeführt. Vielerorts kann man heutzutage auch bei uns schön geschmückte Osterbrunnen bewundern, wie z.B. in Meitingen.

Schmuttertaler Spargel

Lieblingsrezept von Julia Horn - Kochbuchteam Landratsamt

Julia Horn

Für 4 Portionen:

600 g Kartoffeln
½ TL Zucker
2 Scheiben Zitrone
½ l Wasser
500 g Spargel
30 g Butterschmalz
30 g Mehl
50 ml kalte Milch
5 EL Sahne
4-8 Scheiben Schinken
½ Bd. Schnittlauch
Salz, Pfeffer

Kartoffeln schälen, in je zwei Hälften schneiden und in Salzwasser kochen. 1 TL Salz, Zucker und Zitronenscheiben im Wasser zum Kochen bringen. In der Zwischenzeit den Spargel schälen und im Sud 15-20 Minuten gar kochen. Den Spargel aus dem Sud nehmen und beiseite stellen. Aus Butterschmalz und Mehl eine helle Einbrenne herstellen und diese mit der kalten Milch ablöschen, dabei kräftig mit dem Schneebesen rühren, bis sie glatt ist. Danach unter kräftigem Rühren soviel von dem Spargel-Sud zugeben, bis eine sämige Sauce entstanden ist. Diese mit Sahne, Salz und Pfeffer nach eigenem Geschmack abschmecken. Den Spargel mit dem Schinken umwickeln und in die Sauce legen. Alles einmal aufkochen. Währenddessen den Schnittlauch klein schneiden. Die Spargel-Schinken-Wickel aus der Sauce nehmen, mit Schnittlauch garnieren und zusammen mit den Salzkartoffeln anrichten.

Mein Lieblingsort im Landkreis ist der Weg entlang der Friedberger Ach über das Klostermühlenmuseum zum Kloster in Thierhaupten. Hier kann man bei einem kleinen Spaziergang wunderbar zur Ruhe kommen. Jedes Jahr im August freue ich mich auf die Thierhauptener Festwoche mit dem traditionellem Festumzug.
Julia Horn

Holzwinkel

Nicht verpassen!

Da muasch no!

April:
Brauereifest vom Stadelbräu in Adelsried

Mai:
1. Mai - Gelöbnis-Wallfahrt Adelsried
1. Sonntag im Mai - Krieger- und Soldatenwallfahrt nach Violau (Altenmünster und Adelsried)
Vatertag: Vatertagsfest im Bürgerhaus in Baiershofen

Immer an Pfingstmontag zieht in zahlreichen Gemeinden des Landkreises Augsburg der sogenannte Wasservogel durch die Straßen. Dieser Heischebrauch, der im Holzwinkel heute noch u.a. in Altenmünster, Eppishofen, Hegnenbach, Lauterbrunn, Hennhofen, Baiershofen und Zusamzell lebendig ist, geht vermutlich auf die Tradition der Flurumritte zurück. Der mit Blättern geschmückte Wasservogel wird oft von mehreren Kindern und Jugendlichen begleitet und bei seinem Bettelgang mit kaltem Wasser überschüttet.

Theklakirche in Welden

Flädlesupp

mit frischem Rucola

Für 4 Portionen:

150 g Mehl
350 ml Milch
4 Eier
Salz
1 l Brühe (S. 159)
100 g Rucola
Muskat
Fett zum Braten

Mehl, Milch, Eier und ½ TL Salz zu einem glatten Teig verrühren und 20 Minuten quellen lassen.
In der Zwischenzeit die Brühe erhitzen und den Rucola kleinschneiden, eine kleine Menge davon zum Garnieren beiseite legen. Rucola unter den Pfannkuchenteig mischen, mit Muskat würzen und acht dünne Pfannkuchen backen.

Pfannkuchen rollen und in feine Flädle schneiden. In Suppentellern anrichten, mit der heißen Brühe übergießen und mit dem restlichen Rucola garnieren.

Tipp: Im Kühlschrank in feuchtes Küchenpapier eingewickelt, ist der Rucola 2-3 Tage haltbar.

Hasch des scho gwisst?
St. Thekla in Welden ist eine Votivkirche im Rokokostil, die weithin sichtbar auf dem ehemaligen Burgberg von Welden über dem Laugnatal liegt und seit 1929 dem Karmeliterinnenorden als Klosterkirche dient. Baumeister im Auftrag von Graf Joseph Maria Fugger von Wellenburg war Hans Adam Dossenberger aus Wollishausen.

Schnelle Gemüsenudeln

mit Mangold und Karotten

Für 4 Portionen:

500 g Nudeln
4 Karotten
500 g Mangold
1 Zwiebel
1 Knoblauchzehe
1 rote Chilischote
20 g frischer Ingwer
1 EL Butterschmalz
2 EL Würzl (S.159)
Salz, Pfeffer
Sauerrahm

Nudeln in Salzwasser kochen und abgießen.

In der Zwischenzeit Karotten in Stifte und den Mangold in mundgerechte Stücke schneiden. Zwiebel, Knoblauch, Chilischote und Ingwer fein schneiden und in Butterschmalz alles zusammen anschwitzen. Karotten und Mangold zugeben und unter rühren ca. 3 Minuten anbraten. Mit 200 ml Wasser aufgießen, das Würzl zugeben und 10 Minuten köcheln lassen. Nudeln hinzugeben und mit Salz und Pfeffer abschmecken.

Auf Wunsch mit 1 EL Sauerrahm verfeinern und servieren.

Tipp für vegane Variante: Öl statt Butterschmalz verwenden und Sauerrahm weglassen.

<u>Hasch des scho gwisst?</u>

Ingwer kann man auch in unseren Breiten ziehen. Dazu im Frühjahr ein ca. 5 cm langes Stück Ingwer mit mindestens einem „Auge“ anschneiden, mit der Schnittfläche nach unten in einen Topf legen und mit etwas Erde bedecken. Mäßig feucht halten. Die Pflanze liebt es warm, aber nicht zu sonnig. Sobald die ausgetriebenen Blätter braun werden, beginnt die Ernte der Wurzeln, die botanisch als Rhizom bezeichnet wird.

Rindsrouladen

mit Essigurkla und Spätzla

Brunnen in Adelsried

Für 4 Portionen:

½ Bd. Suppengemüse
3 Zwiebeln
4 Rindsrouladen
2 TL Senf
100 g Wammerl (Speck)
2 Essiggurken (S.163)
250 ml Brühe (S.159)
1 große Kartoffel
2 TL Tomatenmark
Öl, Majoran
Salz, Pfeffer

Suppengemüse und 2 Zwiebeln schälen und grob zerkleinern, beiseite stellen. Rouladen salzen und pfeffern und die obere Seite mit Senf bestreichen. Wammerl, 1 Zwiebel und Essiggurken fein würfeln und kurz anbraten. Mischung auf den Rouladen verteilen, diese zusammenrollen (am besten die Seiten leicht einklappen) und mit Rouladennadeln oder Zahnstochern verschließen. Anschließend die Rouladen in heißem Öl rundherum kurz anbraten. Mit Brühe ablöschen, Suppengemüse und Zwiebeln hinzufügen und bei geschlossenem Deckel etwa 1 Stunde schmoren lassen. Dann das Gemüse abseihen. In den Schmorsaft eine rohe Kartoffel reiben und aufkochen lassen. Sauce pürieren und mit Tomatenmark, Majoran, Salz und Pfeffer abschmecken.
Mit frischen Spätzla (siehe Seite 162) servieren.

HASCH DES SCHO GWISST?

Der Adelsrieder Bildhauer Hans Malzer arbeitet am liebsten mit Holz und Stein. Einige seiner zahlreichen Skulpturen und Werke finden sich auch in den Gemeinden im Holzwinkel. In seinen Werken geht er den Widersprüchen und Gegensätzen nach, zeigt die Kontraste des Lebens und verbindet in seinen "Wortsäulen" Bild und Wort zu einer sich ergänzenden Ausdrucksform. Seine Werke können in der Ateliergalerie Hans Malzer in Adelsried besichtigt werden.

Flädlarehrle

mit geräuchertem Saibling

Für 4 Portionen:

Pfannkuchenteig (S.162)
150 g Frischkäse
150 g Sahne
1 Schale Kresse
3 TL geriebener Meerrettich
2 geräucherte Saiblingfilets
Salz, Pfeffer

Pfannkuchenteig zubereiten und Pfannkuchen backen.
Für die Füllung den Frischkäse mit 1-2 EL Sahne cremig rühren. Kresse schneiden und mit Meerrettich sowie Pfeffer unter den Frischkäse rühren. Restliche Sahne steif schlagen und unter den Frischkäse heben. Die Saiblingfilets klein würfeln und vorsichtig unterheben. Nach Geschmack salzen.
Die abgekühlten Pfannkuchen mit der Fischcreme bestreichen und fest zusammenrollen. Mit Butterbrotpapier umwickeln und 2-3 Stunden im Kühlschrank kühlen. Dann in kleine Röllchen schneiden und z.B. als Aperitif servieren.

Tipp: Lassen sich prima vorbereiten.

Hasch des scho gwisst?

In der Solidargemeinschaft AUGSBURG LAND engagieren sich Menschen mit Herz und Verstand auf vielfältige Weise für die Region. Sie investieren persönliche Zeit und Energie für eine liebens- und lebenswerte Heimat. Ihr Einsatz ist die Grundlage zum Erfolg des Netzwerkes UNSER LAND e. V.. Die Arbeit des Netzwerkes dient dem Erhalt der Lebensgrundlagen für Menschen, Tiere und Pflanzen in der Region. Dies wird durch umfassende Projektarbeit und Verbraucherinformation erreicht.

Wooghaisle Käskuacha

nach schwäbischer Art

s'Wooghaisle in Baiershofen

Für 1 runde Form (Ø 28 cm):
300 g Mehl
300 g Butter
350 g Zucker
6 Eier
½ TL Backpulver
1 Pck. Vanillezucker
750 g Quark
125 g Sauerrahm
1 Zitrone Saft+Schale
50 g Speisestärke
Salz

Aus Mehl, 200 g Butter, 100 g Zucker, einem Ei sowie Backpulver und 1 Prise Salz einen Mürbteig kneten und 30 Minuten im Kühlschrank ruhen lassen. Eine Springform einfetten. Den Teig mit Rand hineindrücken. Die restlichen Eier trennen. Das Eiweiß mit Salz zu steifem Eischnee schlagen und beiseite stellen. Eigelbe mit 100 g weicher Butter, Vanillezucker und 250 g Zucker cremig rühren. Den Quark, Sauerrahm, Zitronensaft und -abrieb sowie die Speisestärke dazugeben und unterrühren. Alles auf den Boden geben.

Den Kuchen auf der zweiten Schiene von unten ca. 40 Minuten im vorgeheizten Backofen bei 200°C (Ober-/Unterhitze) backen. Dann mit Alufolie abdecken, damit er nicht zu dunkel wird und weitere 20 Minuten backen. Herausnehmen und etwa 15 Minuten in der Form abkühlen lassen, dann auf einen Rost setzen und ganz abkühlen lassen.

Da muasch no!

Baiershofen zählt zu den am besten erhaltenen Angerdörfern in ganz Bayern. Angerdörfer zeichnen sich dadurch aus, dass die Häuser zentral um die Wiesen (Anger) angeordnet sind. Infos zur Geschichte Baiershofens gibts auch im ehemaligen Wooghaisle, das zu einem "kleinen aber feinen" Museum umfunktioniert wurde.

Nicht verpassen!

Da muasch no!

Mai:
Vatertagsfest am Dorfplatz in Wörleschwang

Juni:
Marktsonntag in Zusmarshausen
am 1. Sonntag im Juni

Am östlichen Rand des Zusamtales thront über dem Zusmarshausener Ortsteil Steinekirch die Burgruine Wolfsberg. Der heute noch sichtbare Rest des aus Nagelfluhquadern errichteten Bergfrieds stammt vermutlich aus dem 12. Jahrhundert und ist damit das älteste, zumindest in Teilen, erhaltene Bauwerk dieser Zeit im Landkreis Augsburg. Nähere Informationen zur Geschichte des Marktortes Zusmarshausen, der nicht zuletzt als Schauplatz der letzten Schlacht des Dreißigjährigen Krieges Geschichte gemacht hat, finden sich außerdem im sehenswerten Heimatmuseum in der Ortsmitte (Giseberthaus).

Frühlingserwachen im Zusamtal

FRÜHLINGSERWACHEN

Kohlrabisalat mit Ei-Brösel

Für 4 Portionen:

- 8 EL Joghurt
- 4 EL Zitronensaft
- 1 TL Zucker
- 200 g Spinat
- 2 Kohlrabi
- 2 EL Walnusskerne
- 2 Eier, hart gekocht
- 4 Stängel Petersilie
- 2 EL Butter
- 2 EL Semmelbrösel
- Salz, Pfeffer

Joghurt mit Zitronensaft, Salz, Pfeffer und Zucker verrühren. Spinat putzen, waschen und trocken schleudern. Kohlrabi putzen und schälen. Kohlrabi grob raspeln. Walnusskerne grob hacken. Eier schälen und hacken. Petersilie waschen und trocken schleudern. Blätter hacken. Butter in einer Pfanne erhitzen. Semmelbrösel darin goldbraun rösten. Eier und Petersilie untermischen. Mit Salz und Pfeffer abschmecken.

Kohlrabi mit dem Joghurt-Dressing mischen, mit Salz, Pfeffer abschmecken. Spinat untermischen. Salat mit Walnüssen und Ei-Brösel servieren.

DA MUASCH NO!

Der Landschaftspflegeverband Zusam errichtete den Naturerlebnispfad "Zusamaue" im Süden von Zusmarshausen und Gabelbach bei der Rücklenmühle. Auf einem Rundwanderweg erlebt der Naturfreund interessante Einblicke in die Tier- und Pflanzenwelt. Ein Pavillon lädt die Wanderer zur Rast und Besinnung ein.

Eierauflauf
mit Dill

Für 4 Portionen:

12 Eier
3 EL Butter
150 g Hartkäse
5 EL Sahne
Cayennepfeffer
2-3 Stängel Dill
Salz, Pfeffer

Eier hart kochen. Während die Eier kochen eine Quiche-Form mit 1 EL Butter einfetten und Käse reiben. Backofen auf 200°C (Oberhitze oder mit Grillfunktion) vorheizen.
Eier kalt abschrecken, schälen und längs halbieren. Die Eigelbe herausnehmen und in eine Schüssel geben. Die Eiweißhälften in die Quiche-Form setzen und mit Salz und Pfeffer würzen. Die Eigelbe mit geriebenem Hartkäse und Sahne verrühren, bis eine gleichmäßige Paste entstanden ist, mit Cayennepfeffer würzen. Jetzt die Eigelbpaste über die Eiweißhälften verteilen, die restliche Butter in Flocken daraufsetzen und den Auflauf 10 Minuten im Ofen goldbraun überbacken.
In der Zwischenzeit den Dill waschen, trockenschütteln und vor dem Servieren auf den fertigen Auflauf streuen.

So gats au:

Statt Hartkäse kann auch anderer geriebener Käse verwendet werden. Der Auflauf passt gut zu gekochten Kartoffeln und einem Salat. Ein einfaches, aber köstliches Gericht, das sich gut vorbereiten lässt.

Tipp: Für den Auflauf kann man auch übrige, gefärbte Ostereier vewenden.

Wörleschwang

Hackbraten

der Klassiker, der immer schmeckt

Für 4 Personen:
2 alte Semmeln
1 Zwiebel
1 EL Petersilie
1 TL Majoran
1 EL Butterschmalz
750 g Hackfleisch
2 Eier
1 Rinderknochen
1 Bd. Suppengemüse
je 1 EL Mehl, Senf und Schmand
Salz, Pfeffer

Die Semmeln 10 Minuten in warmem Wasser einweichen, dann ausdrücken. Zwiebel und Petersilie fein hacken und mit Majoran in Butterschmalz anschwitzen. Hackfleisch, Semmeln, Zwiebel-Kräuter-Mischung und Eier zu einer Masse verkneten und mit Salz und Pfeffer würzen. Backofen auf 180°C (Ober-/Unterhitze) vorheizen. Eine Auflaufform einfetten, die Fleischmasse in die Form drücken und für 45 Minuten backen.
Für die Sauce den Knochen zusammen mit dem Suppengemüse, etwas Salz und Pfeffer ca. 30 Minuten in etwa 500 ml Wasser köcheln lassen. Knochen entfernen und Gemüse fein pürieren. Die Sauce mit Mehl binden, Senf und Schmand zugeben und mit Salz und Pfeffer abschmecken. Den Hackbraten in Scheiben schneiden und mit der Sauce servieren.

Tipp: Mit Kartoffelbrei (S. 163) oder Kartoffelsalat (S. 164) servieren. Je nach Geschmack kann zum Hackbraten auch Speck hinzugegeben werden.

HASCH DES SCHO GWISST?

Wörleschwang ist zwar klein, hat sich in der Künstlerszene aber einen Namen gemacht. Denn seit ein paar Jahren gibt es dort den Kulturstadl, ein umgebautes landwirtschaftliches Anwesen, in dem regelmäßig öffentliche Veranstaltungen stattfinden. Das breitgefächerte Programm bietet von musikalischen Veranstaltungen, Kabaretts bis zu einer Gedanken-Werkstatt für jeden etwas. Und im Café stellen Künstler aus der Umgebung ihre Werke aus.

Marinierter Fenchel

eine herrlich frische Vorspeise

Für 4 Portionen:

2 Knoblauchzehen
100 ml + 2 EL Sonnenblumenöl
1 Zitrone
1 Zwiebel
1 EL Honig
4 kleine Fenchelknollen
200 ml Gemüsebrühe (S.159)
Salz, Pfeffer

Knoblauch schälen, fein hacken und mit 100 ml Öl vermischen. Zitrone heiß abwaschen und Schale fein reiben, Abrieb beiseite stellen. Zitrone halbieren und entsaften. Zwiebel schälen, fein hacken, Zitronensaft und Honig zur Marinade geben und mit Salz, Pfeffer abschmecken.

Fenchelknollen waschen und putzen. Etwas Fenchelgrün für die Garnitur zurückbehalten und fein hacken. Knollen längs achteln. Fenchel in einer Pfanne in 2 EL heißem Sonnenblumenöl etwa 8 Minuten anschwitzen. Mit Brühe ablöschen. Fenchel zugedeckt ca. 8 Minuten bissfest kochen. Marinade zugeben und Fenchel zugedeckt auf abgeschalteter Herdplatte ca. 90 Minuten ziehen lassen. Mit Fenchelgrün und Zitronenabrieb garnieren und servieren.

<u>Hasch des scho gwisst?</u>

Fenchel-Sirup - ein beliebtes Hausmittel bei Schnupfen, Husten und Bronchitis, das auch problemlos selber hergestellt werden kann. Dazu 2 TL Fenchelsamen in einem Mörser mahlen oder zumindest anstoßen und zusammen mit 200 g Zucker und 200 ml Wasser in einem Topf zugedeckt erhitzen und nach dem Kochen noch 10 Minuten ziehen lassen. Den Sud fein abseihen und zu einem Sirup einkochen. In eine Flasche abfüllen. Hält im Kühlschrank ca. 3 Monate.

HEFEZOPF

schmeckt jedem Schopf

Horgauergreut

Für 1 Zopf:

100 g Butter
250 ml Milch
20 g Hefe
500 g Mehl
3 Eier
50 g Zucker
1 Prise Salz
etwas Zucker
Butter für die Form

Butter schmelzen, Milch dazufügen und Hefe darin auflösen. Mehl in eine Schüssel geben, eine Mulde formen und Butter-Milch-Hefe-Mischung dazugeben. Zugedeckt 15 Minuten gehen lassen.
2 Eier, Zucker und 1 Prise Salz zum Vorteig geben. Teig solange kneten, bis er sich von der Schüssel löst. Zugedeckt zum doppelten Volumen gehen lassen.
Das Backblech einfetten, Backofen auf 190°C (Ober-/Unterhitze) vorheizen.
Teig dritteln und zu Strängen formen. Von der Mitte beginnend einen Zopf flechten, die Enden gut andrücken. Den Zopf nur kurz, ca. 5 Minuten, gehen lassen. Dann mit einem verquirlten Ei bepinseln, mit Zucker bestreuen und 35-45 Minuten (untere Schiene) backen.

HASCH DES SCHO GWISST?

Früher, von 1479 bis ins 19. Jahrhundert, war Horgauergreut ein bedeutender Wallfahrtsort, wo auch Ablässe erteilt wurden. Die Kapelle der hl. Maria Magdalena wurde am Patrozinium so stark frequentiert, dass mindestens ein Dutzend Priester die Beichte abnahmen. Seit die Kirche renoviert wurde, ist sie als Hochzeitskirche und für Taufen sehr beliebt.

Stauden

Nicht verpassen!

Da muasch no!

3. Sonntag vor Ostern
Hobbykünstlermarkt in Fischach

Mai:
Volksfest in Fischach

Juni:
Kapellenfest in Rielhofen am Johanni-Tag (24.6.)

In ganz Bayern wird der Mai jedes Jahr mit zahlreichen Festen, Märkten und Bräuchen begrüßt. Neben den klassischen Traditionen hat sich in unserer Region auch der Brauch des Moiele-Stellens erhalten (Moiala). Dabei stellen junge Männer in der Nacht zum 1. Mai ihrer Angebeteten eine sogenannte Liebesmaie (junge Birke) vor das Haus. Das grüne Bäumchen, das mit bunten Bändern behängt wird, soll als Ausdruck der Verbundenheit, der Freundschaft und der Liebe verstanden werden. Als Lohn für ihre Mühe erhalten die jungen Männer am nächsten Tag eine Brotzeit. Nach dem dritten Moiele in Folge, das eine junge Frau von ein und demselben Mann erhält, muss – so will es zumindest der Brauch – geheiratet werden.

Kloster Oberschönenfeld

Kümmelsupp

mit Bauernbrot

Für 4 Portionen:

1 Zwiebel
40 g Butter
2 EL Kümmel
40 g Mehl
1,5 l Brühe (S.159)
Petersilie

Zwiebel klein schneiden. Butter erhitzen, Zwiebelwürfel und Kümmel zufügen und anschwitzen lassen, bis die Zwiebeln leicht glasig werden. Das Mehl zufügen und leicht anrösten. Unter Rühren die Brühe zufügen, Petersilienstängel zugeben und Suppe 20 Minuten köcheln lassen, dabei gelegentlich umrühren.

Petersilienblätter klein schneiden. Suppe durch ein Sieb passieren. In Suppentellern verteilen und mit Petersilie bestreuen.

Tipp: Dazu passt ein kräftiges Bauernbrot oder geröstete Brotwürfel.

HASCH DES SCHO GWISST?

Oberschönenfeld ist für viele ein Begriff, da es mit dem schwäbischen Volkskundemuseum, der Zisterzienserinnenabtei, dem Naturparkhaus und dem Walderlebniszentrum für Jeden in jedem Alter etwas bietet. Besonders empfehlenswert sind auch die Brote der hauseigenen Bäckerei.

Braumeisterschnitzel

mit Käse und Speck – Des Brauers wahre Seele

Für 4 Portionen:

4 x 160 g Schweine-schnitzel
2 Eier
100 g Dinkelmehl
200 g Semmelbrösel
4 Scheiben Schnittkäse
Öl zum Braten
1 EL Butter
8 Scheiben Speck
2 Frühlingszwiebeln
Salz, Pfeffer

Schnitzel zwischen Klarsichtfolie dünn klopfen und danach beidseitig salzen und pfeffern. Eier in einem Suppenteller mit einer Gabel kurz verrühren. Schnitzel erst im Mehl wenden, leicht abklopfen, dann durch die verquirlten Eier ziehen und zuletzt in den Bröseln wälzen. Jeweils mit Käsescheiben belegen und in der Mitte zusammenklappen.
Öl mit Butter in einer großen Pfanne erhitzen. Schnitzel beidseitig je ca. 5-6 Minuten goldbraun anbraten. Dabei die Pfanne stets ein wenig rütteln, damit die Panade schön aufgehen kann.
Zwischenzeitlich Speck in einer zweiten Pfanne ohne Öl knusprig braten. Auf Küchenkrepp abtropfen lassen und mit geschnittenen Frühlingszwiebeln zum Schnitzel servieren.
Tipp: Mit Bratkartoffeln (S. 161) und einem kühlen Weizenbier servieren.

<u>Hasch des scho gwisst?</u>

Die Brauereien Schwarzbräu, Ustersbacher Brauerei, Schallerbräu, Staudenbräu und die Brauerei Schimpfle haben mit dem „Naturpark Augsburg - Westliche Wälder“ abwechslungsreiche Brauereitouren zusammengestellt. Bei Wanderungen und Besichtigungen können mit den „ProBierTouren“ die Vielfalt der Biere erlebt werden. Weitere Brauereien im Landkreis sind die Hausbrauerei Kugelbräu, die z.B. Schoko-Festbier anbietet, Stadel-Bräu mit seinem naturtrüben Hellen und die Brauerei Rapp, die ihr Sortiment im Heimservice vertreibt.

SPINATKUACHA

Quiche mit frischem Spinat

Willmatshofen

Für 1 runde Form (Ø 28 cm):

250 g Mehl
125 g Butter
4 Eier
500 g Spinat
200 g Sahne
30 g Haselnüsse
Muskat
etwas Hartkäse
Salz, Pfeffer

Die Form buttern und kühl stellen. Mehl in eine Schüssel sieben, darauf die kalte Butter würfeln, 1 Ei sowie ½ TL Salz dazugeben und rasch zu einem glatten Teig verkneten. In Frischhaltefolie gewickelt ca. 30 Minuten kühl stellen.

Spinat in kochendem Wasser kurz zusammenfallen lassen, anschließend gut abtropfen lassen. 3 Eier und Sahne verquirlen, mit Muskat, Salz und Pfeffer würzen.

Backofen auf 180°C (Umluft) vorheizen. Teig auswellen, in die Form legen, Spinat darauf verteilen, mit der Eiersahne übergießen und mit gehackten Haselnüssen bestreuen. 30-35 Minuten (mittlere Schiene) backen. Quiche herausnehmen, mit geriebenem Käse bestreuen und im Ofen kurz anschmelzen lassen. Nach dem Backen die Quiche ein paar Minuten ruhen lassen, dann servieren.

HASCH DES SCHO GWISST?

Willmatshofen ist einer von 10 Ortsteilen der Marktgemeinde Fischach, in der das Mozarthaus, ein jüdischer Friedhof sowie einige Bodendenkmäler, wie z.B. die Reste einer keltischen Viereckschanze oder einer Ungarnschutzburg zu finden sind. Kirchenmaler Leonhard Thoma, gebürtiger Fischacher, malte das berühmte Hochaltarbild in der St. Anna Basilika zu Altötting.

Forelle mit Kartoffelsalat

nicht nur an Fasttagen ein Genuss

Für 4 Portionen:

4 küchenfertige Forellen
80 g Mehl
Öl zum Braten
2 Knoblauchzehen
1 Bd. Dill
1 EL Butter
Salz, Pfeffer

Backofen auf 220°C (Ober-/Unterhitze) vorheizen.
Forellen waschen und mit Küchenpapier trocken tupfen. Mit Salz und Pfeffer innen wie außen würzen. Mehl in einen Teller geben und Fische darin wenden. In einer großen Pfanne die bemehlten Fische in heißem Öl ca. 2 Minuten pro Seite hellbraun anbraten. Vorsichtig aus der Pfanne heben und auf ein Blech legen.

Forellen mit klein geschnittenem Knoblauch und Dillzweigen füllen, mit Butterflocken bestreuen und im Ofen in ca. 12-14 Minuten fertig garen.

Mit Dill garnieren und mit Kartoffelsalat (S. 164) servieren.

Hasch des scho gwisst?

In der christlichen Tradition ist der Karfreitag ein Abstinenztag, an dem kein Fleisch gegessen werden darf. Fisch wurde und wird nicht als Fleisch angesehen und kann daher verzehrt werden. An allen Freitagen erinnern sich Christen an den Karfreitag. Aus diesem Denken heraus entstand der Brauch am Freitag Fisch zu kochen und zu essen.

Holder Kiachla

das Besondere im Frühling

Langenneufnach

Für 4 Portionen:

2 TL Honig
150 g Mehl
250 ml Milch
2 Eier
12-14 Holunder-blütendolden
Öl zum Ausbacken
flüssiger Honig
Puderzucker
Salz

Honig in etwas warmem Wasser auflösen. Mit gesiebtem Mehl und der Milch vermengen. Eier trennen, Eigelb in den Teig geben und verrühren. Eiweiß mit einer Prise Salz steif schlagen und unter den Teig heben.

Holunderblüten vorsichtig waschen und trocken tupfen. Ausreichend Öl in einer Pfanne erhitzen. Sobald kleine Bläschen an einem Holzlöffel im heißen Fett hochsteigen, ist die richtige Brattemperatur erreicht. Jede Dolde vorsichtig, damit die Blüten nicht zusammen kleben, durch den Teig ziehen. Kiachla schwimmend im Fett backen und auf einem Küchenpapier abtropfen lassen. Mit flüssigem Honig beträufeln oder mit Puderzucker bestäuben.

DO MUASCH NO!

Auf dem ca. 2,6 km langen Streuobst-Rundweg bei Langenneufnach erfährt der interessierte Wanderer vieles rund um das Thema Streuobstwiese. Es gibt einen Bienenstand und z.B. Schautafeln zum Lebensraum Streuobstwiese, der Obstverwertung oder Pflegearbeiten im Obstbau.

NICHT VERPASSEN! DA MUASCH NO!

MAI:
Maimarkt am 01.05.
von 10.00 Uhr bis 18.00 Uhr in Diedorf

CHRISTI HIMMELFAHRT (Mittwoch bis Sonntag)
Stadtfest Stadtbergen, Sport-
anlage an der Panzerstraße

Das freie Theater Eukitea wurde 1984 unter dem Namen Spielwerk gegründet und hatte seine erste Spielstätte in einem kleinen Handwerkerhäuschen in der Staudengemeinde Walkertshofen. Nach dem Umzug in die Marktgemeinde Diedorf im Jahr 1998 eröffnete dort 2007 schließlich das Internationale Theaterhaus, in dem hervorragende Eigenproduktionen ebenso wie Gastspiele, Theaterworkshops, Konzerte und Lesungen für alle Altersgruppen stattfinden. Ein ebenfalls außergewöhnliches Angebot bietet zudem das „Moussong Theater mit Figuren" aus Stadtbergen an. Mit ihrer mobilen Bühne gastieren die Theatermacher im In- und Ausland und haben dabei ein breites Repertoire im Gepäck.

Frühlingsfrische

Augsburger Frühlingsaufstrich

Landschaft bei Diedorf

Für 4 Portionen:

1 Bd. Radieschen
1 Bd. Schnittlauch
200 g Frischkäse
100 g Quark 20%
100 g Joghurt 1,5%
Salz, Pfeffer

Die Radieschen waschen, putzen und in feine Würfelchen schneiden. 1 EL davon beiseite stellen. Schnittlauch in feine Röllchen schneiden und ebenso 1 EL davon beiseite stellen. Frischkäse, Quark und Joghurt miteinander vermengen und glatt rühren, mit Salz und Pfeffer würzen. Radieschen und Schnittlauch unterheben. Den Aufstrich in eine Schüssel füllen und mit den restlichen Radieschenwürfeln sowie Schnittlauchröllchen garnieren.

Tipp: Wer frischen Bärlauch hat, kann den Dip mit 10 kleingeschnittenen Bärlauchblättern variieren.

DA MUASCH NO!

Der 2010 von der Forstverwaltung und dem Naturparkverein errichtete Klimalehrpfad zwischen der Forstdienststelle und dem Exotenwald im "Diedorfer Gärtle" erklärt das Ökosystem Wald und den Beitrag heimischer und fremdländischer Baumarten vor dem Hintergrund des Klimawandels. Im gebührenpflichtigen Exotenwald (3€) erfährt der Besucher bei Führungen näheres zu den bereits in den 1880er Jahren gepflanzten fremdländischen Baumarten.

Schweinebraten in Biersauce

mit Knedl

Für 4-6 Portionen:

1½ kg Schweinebraten mit Schwarte
250 g Zwiebeln
250 g Karotten
250 g Sellerie
5 Knoblauchzehen
1 l Brühe (S.159)
2 TL Kümmel, gem.
200 ml Bier
etwas Mehl
Öl, Salz, Pfeffer

Schwarte rautenförmig einschneiden. Zwiebel, Karotten und Sellerie in Stücke schneiden und als Bett für das Fleisch in einem Bräter verteilen. Knoblauch fein hacken, mit Öl, Salz, Pfeffer und Kümmel vermengen und das Fleisch damit rundherum kräftig einreiben. Den Braten auf der Schwartenseite in heißem Öl scharf anbraten. Danach mit der Schwartenseite nach oben in den Bräter auf das Gemüse setzen. Im Backofen bei 180°C (Umluft) etwa 90 Minuten braten. Immer wieder mit Brühe übergießen. Die letzten 15 Minuten auf Oberhitze und maximale Temperatur umstellen, damit die Schwarte richtig knusprig wird. Den Bratensaft und das Gemüse durch ein Sieb passieren. Bier zugeben, die Sauce einkochen lassen und mit etwas Mehl binden. Den Braten von der Schwartenseite her in Scheiben schneiden und im Bräter servieren.

Drzua bassa:

- Semmelknedl (Seite 164)
- Brezgaknedl (Seite 163)
- Kartoffelknedl (Seite 165)
- sowie Krautsalat (Seite 165)

Rhabarberkuchen

mit Baiser-Haible

Blick über Neusäß

Für 1 Blech:

1 kg Rhabarber
3 Eier
230 g Haselnüsse
Butter für die Form
200 g Butter
200 g Zucker
200 g Mehl
½ Pck. Backpulver
100 ml Milch

Rhabarber waschen und klein schneiden. Eier trennen, Eiweiß kühl stellen. 200 g Haselnüsse fein mahlen, die restlichen Nüsse hacken. Backblech mit etwas Butter einfetten. Backofen auf 180°C (Umluft) vorheizen.

Butter schaumig rühren. Unter Rühren 150 g Zucker und Eigelbe dazu fügen, Masse muss schaumig und locker sein. Mehl mit Backpulver, Milch und gemahlenen Haselnüssen rasch unterrühren, Teig auf dem Blech verteilen.

Rhabarber auf dem Kuchenboden verteilen und 25-30 Minuten (mittlere Schiene) backen.

Für den Baiser: Kaltes Eiweiß mit 50 g Zucker steif schlagen. Kuchen aus dem Backofen holen, Baiser darauf verteilen, glatt streichen und nochmals für 5-10 Minuten backen, bis Baiser leicht gebräunt ist.

HASCH DES SCHO GWISST?
Für Freizeit- und Badespaß das ganze Jahr über sorgt das Titania in Neusäß, u.a. mit Rutschen, Piratenschiff, Grotte und Saunalandschaft. Ein weiteres Freizeitangebot für Kinder und Jugendliche bietet das Jugendkulturhaus Stereoton, in dem es neben einem Café, auch Konzerte und Veranstaltungen für Groß und Klein gibt.

NICHT VERPASSEN! DA MUASCH NO!

MAI:
1. Mai: Maifest auf dem Rathausplatz in Großaitingen und Maibaumfest in Graben. Trachtler-Wallfahrt von Obermeitingen nach Klosterlechfeld

JUNI:
Letzter Sonntag im Juni: Bürgerfest am Wasserturm in Graben

Im Zuge des allgemeinen Mühlensterbens wurde 1970 die Mittlere Mühle in Bobingen stillgelegt. Auf Drängen des Heimatvereins „d`Hochsträßler" erwarb die Stadt Bobingen die Mühle 1991 und leitete gemeinsam mit dem „Förderverein Mittlere Mühle Bobingen e.V." die Sanierung ein. Seit der Wiedereinweihung 2006 erstrahlt die Mühle, die bereits im 15. Jahrhundert erstmals erwähnt wurde, wieder in neuem Glanz und erinnert mit zahlreichen Veranstaltungen, z.B. im Rahmen des Deutschen Mühlentags oder am Tag des offenen Denkmals, auf anschauliche Weise an diese alte Handwerkstradition.

OSTERSCHNEEBÄLLE

feine Quarkbällchen

Kleinaitingen

Für 25-30 Stück:

- 250 g Magerquark
- 2 Eier
- 100 g Zucker
- 2 TL Vanillezucker
- 1 MSP Salz
- 250 g Mehl
- 3 TL Backpulver
- Öl zum Frittieren
- Puderzucker

Quark, Eier, Zucker, Vanillezucker und Salz in einer Schüssel verquirlen. Mehl und Backpulver zufügen und zu einem Teig verkneten. Mit leicht geölten Händen gut walnussgroße Bälle formen.

Öl in einem Topf erhitzen. Zum Frittieren ist die richtige Temperatur erreicht, sobald an einem ins Öl getauchten Holzkochlöffel kleine Bläschen aufsteigen. Bälle vorsichtig ins heiße Öl geben und goldbraun frittieren, das dauert ca. 4-5 Minuten. Immer wieder wenden. Nicht zu viele Kugeln auf einmal frittieren, da dadurch das Öl zu sehr abkühlt. Aus dem Öl nehmen und auf Küchenpapier abtropfen lassen. Sobald die Bälle abgekühlt sind in Zucker wälzen oder mit Puderzucker bestreuen.

HASCH DES SCHO GWISST?

Im Lechtal liegt zwischen Landsberg am Lech und Augsburg das Lechfeld mit seiner Lech-Urlandschaft. Es gehört, wie die Königsbrunner Heide, zu den als Lechtalheiden bezeichneten und größtenteils geschützten Einzelflächen aus Heiden und Trockenrasen. Hier wachsen wilde Orchideen, z.B. Knabenkraut oder Ragwurz.

Gebackene Zwiebeln

mit Hackfleischfüllung

Für 4 Portionen:

4 Gemüsezwiebeln
2 EL Korianderblätter, frisch
300 g Hackfleisch
1 EL Curry
1 EL Rosinen
2 EL Semmelbrösel
1 Ei
Öl
Salz, Pfeffer

Backofen auf 190°C (Umluft) vorheizen.
Zwiebeln schälen und quer halbieren. An den Enden jeweils etwa ½ cm abschneiden. Zwiebelinneres mit einem Löffel aus den Hälften herauslösen, fein hacken und in etwas Öl glasig braten.
Korianderblätter waschen, trockenschütteln und klein schneiden.
Hackfleisch in einer Schüssel mit gebratenem Zwiebelklein, Korianderblättern, Curry, Rosinen, Semmelbrösel und Ei gut vermengen, mit Salz und Pfeffer würzen.
Zwiebelhälften in eine mit etwas Öl ausgepinselte, ofenfesten Form setzen. Mit der Hackfleisch-Masse füllen und einem Deckel oder Alufolie verschließen. Im vorgeheizten Ofen 35 Minuten (untere Schiene) schmoren lassen. Anschließend ohne Deckel (oder Alufolie) für weitere 20-25 Minuten fertig backen.
Tipp: Dazu passt das Tomaten-Relish (siehe Seite 160).

<u>Rosinen selber machen:</u>

Weintrauben gründlich waschen und trocken tupfen. Auf Küchenpapier liegend in der (Hochsommer-)Sonne oder auf einem mit Backpapier ausgelegten Backblech bei ca. 50°C für mehrere Stunden trocknen lassen.

Klosterlechfeld

Frühlingspute

gschmorte Putenkeule auf Wurzelgmias

Für 4 Portionen:

2 Zwiebeln
1 Bd. Suppengemüse
4 Putenunterkeulen
1 EL Honig
1 EL Tomatenmark
350 ml Brühe(S.159)
50 g Butter
1 Knoblauchzehe
1 Lorbeerblatt
2 Thymianzweige
Öl, Salz, Pfeffer

Zwiebeln und Gemüse würfeln, in einem Bräter in Öl anbraten, Gemüse herausnehmen. Die Putenkeulen von allen Seiten hellbraun anbraten, herausnehmen. Honig im Bräter erwärmen, Tomatenmark zugeben und etwas anrösten. Mit Brühe ablöschen und einreduzieren. Gemüse und Keulen in den Bräter legen. Backofen auf 160°C (Ober-/Unterhitze) vorheizen. Die Keulen mit geschmolzener Butter sowie mit Salz und Pfeffer würzen und ca. 1½-2 Stunden garen. Dann die Keulen auf ein Backblech legen und bei 200°C (Ober-/Unterhitze) ca. 10 Minuten bräunen. In der Zwischenzeit den Knoblauch fein hacken und zusammen mit dem Lorbeerblatt und den Thymianzweigen zum Gemüse geben. Sauce auf dem Herd einreduzieren und abschmecken.
Drzua bassn: Salzkartoffeln.

HASCH DES SCHO GWISST?

Die Gemeinde Klosterlechfeld entstand im 17. Jahrhundert rund um das Kloster Lechfeld und die Wallfahrtskirche Maria Hilf. Die steigende Anzahl der Pilger führte dazu, dass sich nach und nach Händler, Gastwirte und Krämer ansiedelten, um die Wallfahrer zu versorgen.

Panierter Spargel

das beliebte Frühlingsgemüse mal anders

Für 4 Portionen:

1 kg dicke Spargelstangen
4 EL Mehl
3 Eier
Salz
6 EL Paniermehl
Bratfett

Die Spargelstangen schälen und im Salzwasser „al dente“ ankochen. Anschließend die gekochten Spargelstangen zuerst in Mehl, dann im leicht gesalzten und verquirlten Ei, als letztes in Paniermehl wenden. Jetzt die panierten Spargelstangen in einer Pfanne im heißem Fett goldgelb von allen Seiten anbraten.
Auf etwas Küchenpapier abtropfen lassen und mit frischem Blattsalat und Kartoffelsalat (siehe Seite 164) servieren.

Hasch des scho gwisst?

Frischer, weißer Spargel kann gut zwei bis drei Tage gelagert werden. Dazu den Spargel in ein feuchtes Tuch einwickeln und im Gemüsefach im Kühlschrank aufbewahren. Grünen Spargel am besten aufrecht, im Wasser stehend lagern. Beide Spargelsorten lassen sich auch problemlos einfrieren. Dazu die rohen Spargelstangen schälen und portionsweise einfrieren.

Dampfnudeln

immer wieder guad

Schwabegg bei Bobingen

Für 12 Stück:

450 g Mehl
150 ml Milch, lauwarm
30 g Hefe, frisch
5 EL flüssiger Honig
100 ml Öl
2 Eier
50 g Butter
250 ml Milch

Mehl in eine Schüssel sieben und eine Mulde hineindrücken. Darin 5 EL Milch, Hefe und 1 EL Honig mit etwas Mehl verrühren. Vorteig an einem warmen Ort ca. 15 Minuten gehen lassen. Restliche Milch, Öl, Eier und 1 EL Honig zufügen und Teig solange kneten, bis er sich gut von der Schüssel löst. An einem warmem Ort auf die doppelte Menge gehen lassen.

Teig in 12 Stücke teilen, zu Kugeln formen und auf einer bemehlten Arbeitsfläche gehen lassen. In einer Pfanne Butter zerlassen, Milch und 3 EL Honig zufügen. Sofort Kugeln in die Pfanne legen, gut schließenden Deckel aufsetzen und bei mittlerer Hitze zum Kochen bringen. Ca. 30 Minuten kochen bis die Flüssigkeit aufgesogen ist. Wenn die Dampfnudeln fertig sind, hört man ein leichtes Krachen. Dann Herd ausschalten, Topf von der Herdplatte nehmen und noch einige Minuten nachziehen lassen. Deckel erst zum Schluss öffnen, sonst fallen die Dampfnudeln zusammen.

HASCH DES SCHO GWISST?

Bei Schwabegg auf dem Gelände der ehemaligen Haldenburg befindet sich ein Waldlehrpfad, der Bäume, Pflanzen, Geologie und Geschichte erklärt. Von dort ein Wandspruch von einem Forsthaus:

"Der Wald"
Ich bin der Wald, ich bin uralt.
Ich hege den Hirsch, ich hege das Reh,
ich schütz euch vor Sturm, ich schütz euch vor Schnee,
ich wehre dem Frost, ich wahre die Quelle,
ich hüte die Scholle, ich bin immer zur Stelle,
ich bau euch ein Haus, ich heiz euch den Herd,
darum, ihr Menschen: Haltet mich wert!

Sommer

Alle zwei Jahre im Juli findet im Augsburger Land die legendäre Oldtimer-Rallye statt. Start und Ziel ist jedesmal in einer anderen Gemeinde im Landkreis.

Lech-Schmutter-Tal

Nicht verpassen!

Da muasch no!

Juni:
Johannimarkt Kloster Holzen

Juli
Straßenfest in Meitingen (Ende Juli)
Gartenfest in Westendorf (Ende Juli)
Waldfest in Lützelburg (letztes Juli-WE)

August:
Dorffest in Blankenburg (1. WE)
Thierhauptener Festwoche (Mitte August)

Oberhalb der Schmutter, am Rande des Lechtals gelegen, ist die Burg Markt bereits von weitem sichtbar und steht stellvertretend für die reiche Geschichte der Gegend. Denn die Ursprünge der Burg lassen sich bis in das 14. Jahrhundert zurückverfolgen und erst nach mehreren Herrschaftswechseln ging sie schließlich an die Familie Fugger über. Nicht nur der historische Hintergrund macht das Lech-Schmutter-Tal gerade im Sommer zu einem lohnenden Ausflugsziel, für Erfrischung ist mit den Badeseen in Gablingen, Kühlenthal, Nordendorf und Thierhaupten, sowie mit dem Freibad Gerfriedswelle in Gersthofen und dem Sunsplash in Meitingen gesorgt.

Das musikalische Ehingen

Saurer Käs

die klassisch-deftige Brotzeit

Für 4 Portionen:

600 g Romadur, Limburger oder Backsteiner
200 g Zwiebeln
75 ml Essig
30 ml Öl
75 ml Wasser
1 TL Senf
1 Prise Zucker
½ Bd. Schnittlauch
Salz, Pfeffer

Den rotgeschmierten Weichkäse in Scheiben schneiden und auf Tellern anrichten oder in ein Einmachglas geben. Die Zwiebeln schälen, in feine Scheiben schneiden und auf dem Romadur verteilen. Essig, Öl, Wasser mit Senf und Zucker zu einer glatten Sauce verrühren, mit Salz und Pfeffer abschmecken. Die Sauce über dem Romadur und den Zwiebeln verteilen und für mindestens 30 Minuten ziehen lassen. Vor dem Servieren mit fein geschnittenem Schnittlauch garnieren.

Tipp: Je älter der Käse ist, desto intensiver und cremiger schmeckt der saure Käs.

HASCH DES SCHO GWISST?

In Ehingen wird Gemeinschaft gelebt. Die örtlichen Vereine gestalten das kulturelle Leben in diesem idyllisch gelegenen Dorf. Hervorzuheben ist die musikalische Leidenschaft der Ehinger, die angefangen beim Kinderchor über die "Chorbande", den gemischten Chor "Da Capo", den "Ehinger Harmonists" bis zum Männergesangsverein und der Musikkapelle gepflegt wird. Sehenswert ist die Frauenkirche, eine Wallfahrtskirche im altgotischen Stil.

Rohrnudla mit Kirscha

auch unter Kirschbuchteln bekannter Gaumenschmaus

Für 16 Stück:

450 g Mehl
150 ml Milch
30 g Hefe (frisch)
1 TL flüssiger Honig
100 ml Öl
50 g Zucker
2 Eier
ca. 300 g Kirschen
150 g Quark
80 g Butter

Mehl in eine Schüssel sieben und eine Mulde hineindrücken. Darin 5 EL Milch, Hefe und 1 TL Honig mit etwas Mehl aus der Mulde verrühren und an einem warmen Ort ca. 15 Minuten gehen lassen. Restliche Milch, Öl, Zucker und Eier zufügen und Teig solange kneten, bis er sich gut von der Schüssel löst. An einem warmen Ort auf die doppelte Größe gehen lassen.
In der Zwischenzeit die Kirschen entsteinen und den Quark mit etwas Honig verrühren. In einer Reine die Butter schmelzen. Den Teig nochmal durchkneten, in 16 gleichgroße Stücke teilen und etwas flach drücken. In jeden Fladen jeweils 1-2 TL Quark geben und Kirschen darauf legen. Zu einer Kugel formen, in der zerlassenen Butter wenden und in die Reine setzen. Nochmal 15 Minuten gehen lassen. Backofen auf 180°C (Umluft) vorheizen und Rohrnudla 30 Minuten backen. Noch warm servieren!

Hasch des scho gwisst?

Wer nicht möchte, dass der Saft der Kirschen oder Weichseln ausläuft, lässt das Entsteinen sein. Im Augsburger Land heißen sie daher auch „Spucknudla“.
Als Füllung kommen auch Äpfel oder Zwetschgen in Frage. Für Apfelnudla werden die Äpfel kleingeschnitten und mit Zimt und Zucker gemischt. Für Zwetschganudla die Zwetschgen entsteinen und 3-4 Stück pro Teigling verwenden.

Lechmuseum Langweid

Lechtalnocken

mit Mangold und Käse

Für 4 Portionen:

300 g Mangold
2 Knoblauchzehen
4 EL Butter
1-2 TL Curry
150 g Frischkäse
200 g Weißbrot, Vortag
200 ml Milch
2 Eier
4 EL Mehl
150 g Schnittkäse
Salz, Pfeffer

Mangold waschen, Stiele heraus schneiden und klein schneiden. Knoblauch grob hacken. Beides in Butter ca. 10 Minuten weich dünsten und in einem Pürierbecher mit Curry und Frischkäse fein pürieren. Blätter in dünne Streifen schneiden und in der gleichen Pfanne für 1-2 Minuten andünsten, vom Herd stellen. Weißbrot in kleine Würfel schneiden, mit warmer Milch, Eiern und Mehl verrühren, mit Salz und Pfeffer würzen und durchmischen bis ein glatter, geschmeidiger Teig entsteht. Mit dem Mangold-Püree und den Mangoldstreifen vermengen, kurz ziehen lassen. Mittelgroße Nocken formen und im siedendem Salzwasser 10-15 Minuten ziehen lassen. Aus dem Wasser nehmen und abtropfen lassen. Käse grob reiben.
Die Nocken auf ein Backblech legen, mit dem Käse bestreuen und im Backofen auf der obersten Schiene für 5-10 Minuten bei 220°C (Ober-/Unterhitze) überbacken.

DA MUASCH NO!

Das Lechmuseum im Wasserkraftwerk Langweid bietet viel Wissenswertes rund um den Lech. Infos unter www.lechmuseum.de
Als Wahrzeichen von Langweid gilt der weithin sichtbare 28 Meter hohe Wasserturm, der 1912 in Betrieb genommen wurde. Zu den Sehenswürdigkeiten in der Gemeinde gehört auch das beeindruckende Ensemble Gut Eggelhof am Rand des Schmuttertals aus dem 12. Jahrhundert, das dem Augsburger Domkapitel gehörte und heute ein Reiterhof ist.

Kartoffelchips

Lieblingsrezept von Sabrina Büchele - Kochbuchteam Landratsamt

Für 4 Portionen:

500 g Kartoffeln, festkochend
50 ml Öl
1 TL Rosmarin, geschnitten
1 TL Paprikapulver, edelsüß
½ TL Kurkuma
Salz, Pfeffer

Kartoffeln ggf. schälen, waschen, trocken tupfen und in dünne Scheiben schneiden oder hobeln. Auf ein mit Backpapier ausgelegtes Backblech legen. Backofen auf 220°C vorheizen (Ober-/Unterhitze).
Öl, Rosmarin, Paprikapulver, Kurkuma, Salz und Pfeffer mischen und damit die Kartoffeln beidseitig dünn einpinseln.
Im Backofen für 12-15 Minuten auf unterster Schiene gold-knusprig backen, dabei nach ca. 8 Minuten wenden. Herausnehmen und auf Küchenpapier legen. Mit Salz und Pfeffer bestreuen.

TIPP: Mit Tomaten-Relish (S. 160) servieren.

Mein Lieblingsort im Landkreis sind die Lechauen - diese bieten wunderbare Rad- und Wanderwege. Anschließend kann man auf den Kiesbänken die Natur genießen, die Seele baumeln lassen oder ins kühle Nass springen. Sabrina Büchele

HOLZWINKEL

NICHT VERPASSEN! DA MUASCH NO!

ALLE 2 JAHRE IM SOMMER:
Kult(o)ur-Sommer in den Holzwinkelgemeinden Adelsried, Bonstetten, Emersacker, Heretsried und Welden

Juli/August:
Griechisches Theater Heretsried
Fischerfest in Altenmünster (1. Juli-WE)

AUGUST:
Marktfest in Welden (2. Sonntag im August)
Wallfahrt Maria zum Blut in Emersacker (15.8.)

Alle zwei Jahre laden fünf Holzwinkelgemeinden zum inzwischen überregional bekannten Kult(o)ursommer ein. Unter jeweils wechselndem Motto – 2016 drehte sich alles ums „Kultinarische“ – finden über den gesamten Sommer hinweg eine Vielzahl von Konzerten, Lesungen, Führungen, Vorträgen, Radtouren, Ausstellungen und Workshops statt, die zeigen, wie reich das kulturelle Leben im nördlichen Landkreis Augsburg ist. Und mal ehrlich: Wer würde schon vermuten, dass ausgerechnet im schwäbischen Heretsried ein griechisches Theater existiert, das seine Zuschauer mit seinem bunten Bühnenprogramm seit über dreißig Jahren begeistert?

Weldenradweg

Radlerschmaus

Blumenkohl-Zucchini-Salat mit Currydressing

Für 4 Portionen:

1 Blumenkohl
1 mittlere Zucchini
300 g Natur-Joghurt
2 EL Sauerrahm
2 EL Zitronensaft
1 TL Curry
gemahlener Kreuzkümmel
4 EL Kürbiskerne
Salz, Pfeffer

Blumenkohl putzen, in kleine Röschen teilen und in kochendem Salzwasser ca. 8 Minuten garen. Zucchini in Stifte schneiden und etwa 3 Minuten mit dem Blumenkohl mitgaren. Das Gemüse abgießen, kalt abschrecken und abkühlen lassen.

Joghurt mit Sauerrahm und Zitronensaft glatt rühren. Mit Curry, Kreuzkümmel, Salz und Pfeffer abschmecken.

Blumenkohl und Zucchini mit dem Joghurtdressing vermengen. Auf einer Platte anrichten und mit Kürbiskernen bestreuen. Nach Belieben können die Kürbiskerne vorher in einer Pfanne ohne Fett geröstet werden.

DA MUASCH NO!

Der Landrat-Dr.-Frey-Radweg führt teilweise auf der abgebauten Eisenbahnstrecke Augsburg - Welden durch die Westlichen Wälder. Die "Weldenbahntrasse" beginnt in Neusäß in Bahnhofsnähe, ist aber bereits ab dem Hauptbahnhof ausgeschildert und führt über Aystetten, Adelsried bis nach Welden. Die Strecke ist auch bei Inline-Skatern sehr beliebt. Mit einem kleinen Abstecher kommt man zur Ganghofer-Hütte, die versteckt im Wald bei Welden liegt (Beschilderung ab Ehgatten).

FLEISCHKIACHLA

schmecken heiß und kalt

Für 4 Portionen:

2 Semmeln, Vortag
2 Zwiebeln
etwas Petersilie
500 g Hackfleisch
2 Eier
Butterschmalz
Kartoffelsalat (S. 164)
1 Salatgurke
Salz, Pfeffer

Die Semmeln würfeln und in etwa ¼ l Wasser einweichen. Zwiebeln fein würfeln, Petersilie fein hacken. Die Semmeln gut ausdrücken und mit Hackfleisch, Zwiebeln, Eiern und Petersilie in eine Schüssel geben und verkneten. Mit Salz und Pfeffer würzen.
Aus der Masse kleine Kiachla formen und in heißem Butterschmalz auf beiden Seiten je 5-7 Minuten braten.
Für den Karoffelsalat-Gurkensalat den Kartoffelsalat wie auf Seite 164 beschrieben zubereiten und zusätzlich eine gehobelte Salatgurke untermischen.

Tipp: Wer Kalorien sparen mag, ersetzt die Hälfte des Hackfleisches durch fein geraspelte Karotten.

<u>Haselnusskrokant für rechts driba:</u>

50 g Haselnüsse, 1 EL Wasser, 1 EL Zucker
1 EL Butter
Für den Haselnusskrokant die Haselnüsse in der Pfanne ohne Fett rösten. Auf ein Handtuch geben und mit einem zweiten Handtuch die restlichen Schalen abreiben. Haselnüsse grob hacken. Wasser und Zucker in einer Pfanne erhitzen, bis der Zucker karamellisiert. Nüsse und Butter zugeben und eine Minute schwenken. Nüsse auf einem leicht geölten Teller auskühlen lassen.

Blaubeerwölkla

Heidelbeertörtchen

See bei Emersacker

Für 1 Form (Ø 18 cm):

200 g Haselnüsse
200 g Karotten
2 EL Apfelmus
4 Eier
40 g Zucker
100 g Mehl
1 TL Backpulver
Butter
Holunderblütensirup
250 g Sahne
125 g Heidelbeeren

Haselnüsse fein mahlen, Karotten fein raspeln, beides mit Apfelmus vermischen. Eier trennen. Eiweiß zu Eischnee steif schlagen. Eigelb mit Zucker cremig rühren. Mehl, Backpulver und Haselnuss-Karotten-Mischung verrühren und den Eischnee locker unterheben. In einer gefetteten Springform für 20 Minuten im vorgeheizten Backofen bei 180°C Ober-/Unterhitze backen. Tortenboden vollkommen erkalten lassen.

Haselnusskrokant vorbereiten (siehe Tipp links).

Den Tortenboden mit Sirup beträufeln und mit ca. zwei Drittel des Haselnusskrokants belegen. Sahne steif schlagen und auf Tortenboden verteilen. Abschließend mit Heidelbeeren, dem restlichen Haselnusskrokant und nach Belieben mit fein geschnittenen Pfefferminzblättchen belegen.

Tipp: Gleiche Menge ergibt 4 kleine Törtchen.

Hasch des scho gwisst?

Emersacker leitet sich nicht von dem Getreide Emmer ab, sondern war ursprünglich wohl ein Einzelhof, vermutlich ein fränkischer Gutshof (beim Acker des Emheri). Nach vielen Besitzerwechseln kam es irgendwann in die Fuggerschen Stiftungen. Das renovierte und umgebaute Fuggerschloss im Ortzentrum beherbergt heute das Rathaus, ein Vereinsheim, das Feuerwehrgerätehaus und einen Jugendtreff.

Marion Hofmeier

Saure Bohnen

Lieblingsrezept von Autorin Marion Hofmeier

Für 4 Portionen:

500 g grüne Bohnen
500 g Kartoffeln
1 Zwiebel
60 g Butter
60 g Mehl
500 ml Brühe (S.159)
2 EL Essig
etwas Schnittlauch
Salz, Pfeffer

Die Bohnen in kleine Stücke schneiden und in reichlich Salzwasser bissfest kochen. Die Kartoffeln schälen, halbieren und ebenfalls in Salzwasser kochen.

In der Zwischenzeit Zwiebel fein würfeln und in heißer Butter glasig anschwitzen lassen. Mehl zufügen und verrühren (Einbrenne). Immer gut rühren, damit nichts anbrennt. Sobald die Einbrenne eine schöne Bräunung hat mit Brühe unter Rühren ablöschen, bis eine sämige Sauce entsteht. Mit Essig, Salz und Pfeffer abschmecken. Die Bohnen zufügen und nochmals aufkochen lassen.

Zusammen mit den Kartoffeln servieren und mit Schnittlauchröllchen garnieren.

<u>Marion Hofmeier</u>

Aufgewachsen zwischen Bauernhof und Lebensmittelhandel wurde der Baiershoferin das Faible für regionale Lebensmittel quasi in die Wiege gelegt. Ihre wenige Freizeit verbringt die studierte Agrarmarketingerin gerne in der Küche, um neue kreative Rezepte zu entwickeln. Beruflich berät sie mit ihren Firmen agromind und the foodfriendscompany Unternehmen und Institutionen zu den Themen Direkt- und Regionalvermarktung, herkunftsbezogenes und strategisches Marketing, Nachhaltigkeit und Kooperationsmanagement. Weitere Informationen: www.agromind.de & www.foodfriendscompany.de

Reischenau, Zusam- und Rothtal

Nicht verpassen!

Da muasch no!

Juli:

Bergfest in Lindgraben (1. WE)
Dinkelfestival in Dinkelscherben (Ende Juli)
Gartenfest in Bieselbach (letztes Juli-WE)
Biersommerfestival in Ustersbach
Nullinger-Triathlon in Zusmarshausen (Mitte Juli)
Dorffest und Italienische Nacht Gabelbach (Ende Juli/Anfang August)

August:

Burgfest in Steinekirch (1. WE)
Abendsportfest (jeden 2. Mittwoch) auf der Sportanlage Rothtal in Horgau
Strohballenfest in Streitheim
Schlossfest Zusmarshausen (alle 5 Jahre)

Auf der Suche nach Abkühlung wird man im Sommer in Reischenau und Rothtal auf alle Fälle fündig: z.B. der in den 1970er-Jahren angelegte und oben abgebildete Rothsee bei Zusmarshausen bietet mit einer Wasserfläche von ca. 12 ha sowie einer großzügigen Liegewiese viele Möglichkeiten zum Schwimmen und Entspannen. Das idyllisch gelegene Waldfreibad Dinkelscherben belohnt seine Besucher bei schönem Wetter mit einem atemberaubenden Blick, mit etwas Glück ist sogar die Zugspitze zu sehen. Am Rande der Reischenau liegt das Freibad Kutzenhausen inmitten einer malerischen Landschaft, in beheizten Becken und unter zahlreichen schattenspendenden Bäumen kann man hier die Seele baumeln lassen.

Rothsee-Schiffla

Zucchini-Schiffchen auf Tomatenspiegel

Sommerspaß am Rothsee

Für 4 Portionen:

4 mittelgr. Zucchini
Öl
700 g Tomaten
2 Zwiebeln
1 Knoblauchzehe
250 g Käse, z.B. Feta-Art
100 ml Brühe (S.159)
frischer Basilikum
Salz, Pfeffer

Backofen auf 180°C (Ober-/Unterhitze) vorheizen. Zucchini halbieren, aushöhlen und mit etwas Öl einpinseln. 10 Minuten im Backofen vorgaren. Zucchinifleisch, zwei Tomaten, Zwiebeln und Knoblauch klein schneiden. In heißem Öl die Zwiebeln, dann die anderen Gemüse mit Knoblauch anbraten. Abkühlen lassen.
Käse in kleine Würfel schneiden und die Hälfte mit der Gemüsemasse mischen, mit klein geschnittenem Basilikum, Salz und Pfeffer würzen. Zucchini leicht salzen, befüllen und mit restlichem Käse bedecken. Im Backofen ca. 20 Minuten überbacken.
Für die Sauce die restlichen Tomaten mit heißem Wasser übergießen, schälen und in kleine Würfel schneiden. In der Gemüsebrühe ca. 10 Minuten köcheln lassen. Mit Salz, Pfeffer und klein geschnittenem Basilikum würzen. Mit dem Pürierstab sämig mixen, nach Belieben passieren und zu den Zucchini servieren.

HASCH DES SCHO GWISST?
Der Rothsee entstand durch das Aufstauen der Roth und wird vielseitig genutzt. Im Sommer dient er als Badesee zur Abkühlung oder für die Schwimmstrecke beim Zusser Triathlon. Im Winter, falls möglich, wird er als Eislauffläche genutzt. Die Angler freuen sich über ruhige Zeiten zum Fischen. Die verschilften Seebereiche, sowie Hecken und Sträucher dienen der Natur.

Kartoffel-Focaccia

mit frischen Tomaten und Käse

Für 4 Portionen:

200 g Pellkartoffeln
25 g Hefe
Zucker, Salz
100 ml Wasser
300 g Mehl
5 EL Öl
100 ml Mineralwasser
100 g Kirschtomaten
200 g Romadur
½ Bd. Rucola
Pfeffer, Kümmel

Gekochte Kartoffeln schälen, eine kleinere Kartoffel in dünne Scheiben schneiden, beiseite stellen, den Rest zerdrücken.
Hefe mit je einer Prise Zucker und Salz im Wasser auflösen, 5 Minuten warten. Jetzt mit Mehl, zerdrückten Kartoffeln, 2 EL Öl, Mineralwasser, 1 TL Salz und Pfeffer verkneten, bis ein geschmeidiger Teig vorliegt. Teig 60 Minuten zugedeckt gehen lassen.
Dann nochmals durchkneten, kleine Fladen formen und auf einem mit Backpapier ausgelegten Blech flach drücken. Teig 60 Minuten gehen lassen.
Backofen auf 220°C (Ober-/Unterhitze) vorheizen. Tomaten halbieren, Käse in Scheiben schneiden. Den Teig mit dem übrigen Öl bestreichen, Tomaten und Kartoffeln darauf verteilen, salzen, mit Käse belegen und mit Kümmel würzen. 30-35 Minuten backen. Mit Rucolablättchen dekorieren.

So gats au

Die Focaccia eignet sich hervorragend als Pausenbrot, Picknick-Snack oder für ein Party-Buffet. Probieren Sie auch andere Beläge wie z.B. geröstete Paprika und Lauch mit Rosmarin oder Birnen und Radicchio.
Die Focaccia kann auch wie eine Pizza im Ganzen gebacken werden.

Dinkelfestival in Dinkelscherben

DINKELMINESTRONE

a kräftige Supp mit Gmias

Für 4 Portionen:

- 8 Tomaten
- 2 kleine Kohlrabi
- 1 Paprika
- 200 g grüne Bohnen
- 4 Stangen Staudensellerie
- 2 EL Würzl (S.159)
- 120 g Perldinkel
- 1,5 l Wasser, Öl
- Liebstöckel, Petersilie, Salz, Pfeffer

Tomaten etwa 30 Sekunden in kochendes Wasser geben, anschließend abschrecken, schälen und in kleine Würfel schneiden. Alle weiteren Gemüse ebenso in kleine Würfel schneiden und in etwas Öl anbraten, dann Tomaten, Würzl und Perldinkel zugeben, kurz mitbraten. Mit Wasser auffüllen, Liebstöckel zugeben und ca. 15-20 Minuten köcheln. Am Ende der Garzeit mit Salz und Pfeffer abschmecken und mit klein gehackter Petersilie servieren.

Tipp: Die Suppe bekommt mit einem Schuss Essig eine feine säuerliche Note, kurz vor dem Servieren zufügen.

DA MUASCH NO!

Bereits seit 2011 gibt es Ende Juli das Dinkelfestival in Dinkelscherben, an dem für jeden etwas geboten ist. An vier Festivaltagen können die Besucher ohne Eintritt Kultur in verschiedener Form erleben. Es gibt Konzerte unterschiedlicher Musikrichtungen, Kunstausstellungen und zur Stärkung leckere Köstlichkeiten.

Saurer Presssack

rot-weiß, mit Rucola

Für 4 Portionen:

je 4 Scheiben Presssack weiß und rot
200 ml Brühe (S. 159)
4 EL Apfelessig
1 TL Zucker, 4 EL Öl
je 1 Zwiebel weiß + rot
1 Bd. Radieschen
1 Bd. Rucola
½ Bd. Schnittlauch
Salz, Pfeffer

Presssackscheiben falls nötig von Häuten oder Därmen befreien. Je 1 rote und weiße Scheibe in einen tiefen Teller legen. Fleischbrühe lauwarm erhitzen, mit Essig, Zucker, Salz und Pfeffer in einer Schüssel verrühren. Öl in die Marinade einrühren. Zwiebeln schälen, in feine Ringe schneiden und auf dem Presssack verteilen - die weißen Zwiebeln auf dem roten Presssack, die roten Zwiebeln auf dem weißen Presssack. Radieschen waschen und in dünne Scheiben schneiden und ebenfalls verteilen. Marinade darüber verteilen, mindestens 30 Minuten ziehen lassen. Rucola und Schnittlauch waschen, trocken schleudern und klein schneiden. Über den Salat streuen.

<u>Hasch des scho gwisst?</u>

Andere Namen für den Presssack sind Schwartenmagen, Blunzen, Schweinskopfsülze oder Saumagen. Pressack wird in dicken Scheiben serviert. Seinen Namen verdankt er der früheren Herstellungsweise. Damit sich alle Einlagen gut im Schwartenmagen verteilten, wurde der Pressack früher nach dem Abkühlen zwischen zwei Holzplatten gepresst.

Bienenstich-Muffins

raffiniert und guad

Kapelle im Ortsteil Buch in Kutzenhausen

Für 12 Muffins:

Hefeteig (S.161)
50 g Butter
2 EL Honig
2 EL Sahne
50 g gehob. Mandeln
40 g Speisestärke
1 Vanillestange
2 EL Zucker
250 ml Milch
150 g Sahne
Butter, Mehl für Form

Hefeteig herstellen.
Butter mit Honig und Sahne aufkochen, die Mandelblättchen untermischen und beiseite stellen. Muffinform einfetten und bemehlen. Hefeteig durchkneten, in zwölf Teile teilen, zu Kugeln formen, in die Muffinform setzen und flach drücken. Mandelbelag gleichmäßig verteilen und für ca. 20 Minuten im vorgeheizten Backofen bei 200°C Ober-/Unterhitze backen. Die Muffins auf einem Kuchengitter auskühlen lassen.
Speisestärke, Vanilleabrieb mit etwas Milch und Zucker glatt rühren. Restliche Milch aufkochen und einen festen Pudding kochen. Pudding unter gelegentlichem Umrühren erkalten lassen.
Sahne steif schlagen und unter den Pudding heben. Die abgekühlten Muffins mit der Creme füllen.

DA MUASCH NO!

Ein 3 km langer Rundwanderweg in Kutzenhausen widmet sich der Honigbiene und der Aufklärung über deren Nutzen. Hier erfahren Interessierte auf 7 Schautafeln alles über den Lebensraum, die Bestäubung bis zur Herstellung von Honig. Ein Schaukasten als "offener" Bienenstock, in dem hinter Plexiglas ein Blick in das Leben im Bienenstock geworfen werden kann, rundet den Lehrpfad ab. Der Weg ist Kinderwagen und Rollstuhl tauglich.

Stauden

Nicht verpassen!

Da muasch no!

3. Sonntag nach Pfingsten Markt in Münster

Juni/Juli

Bergfest in Rommelsried (Juni)
Sankt Albanus Fest in Buch (Juni)
Dorffeste in Willmatshofen und Aretsried
Pfarrfeste in Mickhausen und Grimoldsried
Stadelfest in Konradshofen (am 1. WE im Juli)
Dorffest Scherstetten (Mitte Juli)

August

Schlosshoffest in Mickhausen (1. WE)

Mit der Deportation von insgesamt 65 jüdischen Bürgern aus Fischach endete im April bzw. im August 1942 gewaltsam die bis in das 16. Jahrhundert zurückreichende Geschichte der jüdischen Gemeinde in Fischach. Noch heute erinnern mehr als 400 Gräber auf dem jüdischen Friedhof am Kohlberg, der 1774 von den Fischacher Juden erworben werden konnte, an die jüdische Vergangenheit in der heutigen Marktgemeinde. Der Friedhof ist für die breite Öffentlichkeit im Rahmen von Führungen zugänglich, die regelmäßig über die Gemeindeverwaltung und ReAL West angeboten werden.

Alphornblasen im Naturfreibad Fischach

Saibling-Spiessla

ideal fürs Party-Buffet

Für 4 Portionen:

2-3 Kartoffeln, festkochend
2 Stangen Staudensellerie
12-16 Cocktailtomaten
250 g Saiblingsfilet, geräuchert
Meerrettich, frisch
2 EL Preiselbeeren
Salz, Pfeffer

Kartoffeln mit Schale in Salzwasser ca. 20 Minuten bissfest kochen. Zwischenzeitlich Sellerie und Tomaten waschen und trocken tupfen. Sellerie in ca. 2 cm dicke Scheiben schneiden, Tomaten halbieren oder in Scheiben schneiden.
Räuchersaibling in Stücke schneiden. Abgekühlte Kartoffeln mit oder ohne Schale in ca. 2 cm dicke Scheiben schneiden und auf einer Platte verteilen.
Abwechselnd Räuchersaibling, Tomate und Sellerie darauf stapeln. Mit einem Holzspieß fixieren.
Meerrettich reiben und mit Pfeffer drüberstreuen. Mit Preiselbeeren servieren.
Tipp: Die Spießla mit 150 g geschlagener Sahne, vermischt mit 2-3 EL geriebenem Meerrettich, etwas Salz und 1-2 EL Preiselbeeren servieren.

DA MUASCH NO!

Das im Jahre 2008 errichtete Naturfreibad in Fischach ist ein wahres Schmuckstück für Wasserratten. Neben einem großen Schwimmbecken, natürlichen Sprungfelsen, einer Wassergrotte und einem Spielbach für Kleinkinder, gibt es ein Beachvolleyballfeld, Tischtennisplatten und viel Rasen zum Ausruhen oder Toben. Am Kiosk gibt es was zur Stärkung und für den Genuss. Das Wasser wird in einem Naturverfahren biologisch und mechanisch gereinigt.

Pfannkuchen-Tarte

mit Gemüse und Käse Feta-Art

Für 4 Portionen:

Pfannkuchenteig (S.162)
2 mittelgr. Zucchini
½ Bd. Frühlingszwiebeln
2 Knoblauchzehen
1 EL Öl
3 Tomaten
200 g Käse, Feta-Art
1 Becher Sauerrahm
Salz, Pfeffer

Pfannkuchenteig zubereiten, für die Tarte 5-6 Pfannkuchen ausbacken.
Zucchini in dünne Scheiben schneiden, Frühlingszwiebeln in Ringe schneiden, Knoblauch klein hacken und alles zusammen im Öl anbraten. Tomaten in Scheiben schneiden. Feta klein bröseln, mit dem Sauerrahm zu einer glatten Masse verrühren, mit Salz und Pfeffer abschmecken.
Backofen auf 220°C (Ober-/Unterhitze) vorheizen. Backblech einfetten. Einen Pfannkuchen auf das Backblech legen, mit der Sauerrahm-Creme bestreichen, Tomatenscheiben und Gemüse darauf verteilen. So weiter verfahren bis das Gemüse verteilt ist. Auf den obersten Pfannkuchen nur Sauerrahm-Creme streichen und mit Tomatenscheiben belegen. Die Tarte für 10 Minuten backen.

Hasch des scho gwisst?

Der Verein „Regionalentwicklung Augsburg Land West - ReAL West e.V." wurde 2008 gegründet. Vereinszweck ist, die Mitglieder sowie andere regionale Akteure bei Maßnahmen zu unterstützen, die der langfristigen und nachhaltigen Entwicklung der Region dienen. Dabei soll die regionale, soziale und ökologische Wettbewerbsfähigkeit gestärkt, die Lebensqualität verbessert sowie die kommunale und regionale Zusammenarbeit und Vernetzung regionaler Akteure gefördert werden.

Blick auf Scherstetten

Staudenschmaus

Lauch-Schinken-Quiche

Für 4 Portionen:

100 g Käse
1 Zwiebel
150 g Mehl
4 Eier
2 EL Milch
100 g Butter
500 g Lauch
100 g Speck
150 g Schinken
150 ml Sahne
Salz, Pfeffer

Käse reiben und Zwiebel fein würfeln. Für den Teig das Mehl mit 1 Ei, Milch, Käse, Zwiebeln, 75 g Butter und Salz verkneten und etwa 1 Stunde kühl stellen.
Lauch in Ringe schneiden und blanchieren. Speck und Schinken würfeln und in etwas Butter anbraten. Die restlichen 3 Eier mit Sahne, Salz und Pfeffer verquirlen. Lauch, abgekühlten Speck und Schinken dazumischen.
Teig nochmals kurz durchkneten und auswalzen. In eine Springform (28 cm) geben, den Teig an den Seiten etwas hochstehen lassen. Die Lauchfüllung auf den Teig geben und bei 160°C (Umluft) 30-40 Minuten backen.

Tipp: Dazu schmeckt ein leichter Sommersalat.

HASCH DES SCHO GWISST?
Es soll früher einen geheimen Tunnel von Scherstetten nach Schwabegg gegeben haben. Und eine Geschichte erzählt von der Bekanntschaft der Raubritter mit der Hexe vom Schloss. Genaueres finden Sie vielleicht bei einem Spaziergang oder beim Nachfragen in der Gemeinde heraus.

GRIASSSCHNITTA

mit Johannisbeeren

Für 4 Personen:

500 ml Milch
10 g Butter
2 EL Zucker
1 Prise Salz
125 g Grieß
1 Ei
500 g Johannisbeeren
150 ml Wasser
Zucker nach Belieben
Pfefferminzblätter
Butterschmalz

Milch mit Butter, 2 EL Zucker und Salz zum Kochen bringen. Grieß einrühren und zu einem dicken Grießbrei kochen. Etwas abkühlen lassen und das Ei unterrühren. Grießbrei in eine mit Wasser ausgespülte flache Form (z. B. Backblech) oder auf ein Holzbrett geben und erkalten lassen.

Für das Johannisbeerkompott Sud aus Wasser und Zucker aufkochen und Johannisbeeren bei mäßiger Hitze ca. 5-10 Minuten ziehen lassen. Mit ein paar Blättchen Pfefferminze garnieren.

Den ausgekühlten Grießbrei in Stücke schneiden und in heißem Fett von beiden Seiten goldbraun anbraten und mit dem Kompott gleich servieren.

So gats au

Die Grießschnitten können mit diversen anderen Kompotten gegessen und zubereitet werden.

Probieren Sie doch mal Stachelbeeren, Himbeeren oder Sauerkirschen, im Herbst Zwetschgen oder Birnen.

SOMMERFRISCHE

Frucht-Joghurt-Quark mit Schuss

Staudenhaus

Für 4 Portionen:

500 g Quark
250 g Joghurt
100 ml Mineralwasser
4 EL Honig
4 Pfirsiche
4 EL Eierlikör
Minzblätter zum Dekorieren

Den Quark zusammen mit Joghurt, Mineralwasser und Honig glatt rühren. Die Pfirsiche in kleine Würfel schneiden.
Anschließend abwechselnd die frischen Pfirsiche und die Quarkmasse in ein Glas füllen. Mit Eierlikör abschließen. Mit 2 Scheiben Pfirsichen und einem Minzblatt dekorieren und vor dem Servieren kühl stellen.

TIPP: Wer sich keine Sorgen ums Hüftgold macht, kann statt Mineralwasser auch geschlagene Sahne unterrühren.
Diese Süßspeise kann mit allen Obstsorten - je nach Geschmack erstellt werden.

Statt Eierlikör schmeckt auch ein Schuss Obstbrand.

HASCH DES SCHO GWISST?
Das Staudenhaus ist ein strohgedecktes Haus, welches die Bauweise der bis ins 19. Jahrhundert gebauten Häuser in den Stauden zeigt. Besonderes Kennzeichen ist die "Einhüftigkeit", da auf der Wetterseite die Dachtraufe bis zum Erdgeschoss heruntergezogen wurde. Scheune und Stall waren direkt an das Wohnhaus angefügt und durch den Hausgang getrennt. Dieses kleinbäuerliche Anwesen incl. Mobiliar, Hausrat und Geräten kann in Oberschönenfeld besichtigt werden.

Schmuttertal und Bismarckturm

Nicht verpassen!

Da muasch no!

Alle 2 Jahre im Juli

Neusäßer Stadtfest

Letzter Samstag im Juli:

Bürgerfest in Diedorf

Ein Spaziergang auf dem Natur- und Kulturerlebnispfad Deuringer Heide mit zehn Rätsel- und Informationsstationen lädt im Sommer im Schmuttertal ebenso wie ein geführter Rundgang durch den Diedorfer Exotenwald ein. Darüber hinaus lockt das Internationale Maskenmuseum in Diedorf mit der weltweit wahrscheinlich größten Sammlung von 6000 authentisch getragenen Masken aus Kult, Fest und Theater aller Weltkulturen und Naturvölker. An heißen Sommertagen ist aber auch im Schmuttertal mit dem Badeparadies Titania in Neusäß und dem Gartenhallenbad in Stadtbergen für ausreichend Abkühlung gesorgt.

Obazda

a guade Radlerbrotzeit

Weldenradweg bei Aystetten

Für 4 Personen:

100 g Butter
100 g Quark
200 g Weichkäse mit Rotschmiere
100 g Weichkäse mit Edelschimmel
2 EL Schnittlauch
1-2 EL Paprikapulver
2 Zwiebeln
Salz, Pfeffer

Butter und Käse etwa 1 Stunde vor der Zubereitung aus dem Kühlschrank nehmen.
Die Butter in kleine Stücke schneiden, in eine Schüssel geben und cremig rühren. Anschließend den Quark unterrühren. Den Käse in kleine Stücke schneiden und mit einer Gabel oder einem Kartoffelstampfer zerdrücken und zusammen mit dem klein geschnittenen Schnittlauch unter die Mischung rühren. Die Masse mit Paprikapulver, Pfeffer und Salz nach Geschmack würzen.
Zum Kühlen in den Kühlschrank stellen. Mindestens 30 Minuten vor dem Servieren aus dem Kühlschrank nehmen. Mit Zwiebelringen servieren.

Tipp: Wem der Rotschmierkäse zu pikant ist, kann ihn durch Edelschimmelkäse ersetzen.

DA MUASCH NO!

Seit 2003 gibt es im Aystetter Wald einen 2,3 km langen Walderlebnispfad unter dem Motto "Natur zum Anfassen". An den Stationen soll Grundwissen über heimische Pflanzen- und Tierarten vermittelt, sowie an den sog. "Sinnesstationen" unsere Sinne getestet werden. Nach der Hälfte der Strecke gibt es eine Schutzhütte mit Sitzgelegenheit, um die müden Beine auszuruhen.

Veganer Burger

im Römerle mit frischem Rucola

Für 4 Burger:

500 g Kartoffeln
½ rote Paprika
¼ Bd. Petersilie
½ Bd. Rucola
100 g Haferflocken
mittelscharfer Senf
2 TL Currypulver
4 Römerle
etwas Pflücksalat
4 EL Relish (S. 160)
Öl, Salz, Pfeffer

Kartoffeln als Pellkartoffeln kochen. In der Zwischenzeit ¾ des Paprika in feine Würfel schneiden sowie Petersilie und die Hälfte des Rucola fein hacken. Nach Ende der Garzeit die Pellkartoffeln schälen und durch eine Presse drücken. Die vorbereiteten Zutaten zusammen mit den Haferflocken, 1 EL mittelscharfem Senf, je 2 TL Salz und Curry sowie mit 1 TL Pfeffer zu einer geschmeidigen Masse verarbeiten. Mit angefeuchteten Händen handtellergroße Taler formen und in einer Pfanne in Öl goldgelb ausbacken.

Die Römerle in der Mitte aufschneiden. Die Oberseite des Römerle mit je 1 TL Senf bestreichen, auf die Unterseite je 1 EL Tomaten-Relish geben, mit Paprikascheiben, Pflücksalat und Rucola belegen und anschließend das Burger-Patty auflegen und sofort servieren.

Hasch des scho gwisst?

Menschen, die sich vegan ernähren verzichten auf alle Nahrungsmittel tierischen Ursprungs, also auf Fleisch, Fisch, Honig, Milch, Milchprodukte, Eier. Veganer, die ethisch motiviert sind, achten zudem meist auch darauf keine tierischen Produkte, wie z.B. Leder, Bienenwachs, etc. zu verwenden.

BISS-MARCK-BURGER

der Burger für schwäbische Seelen

Bismarckturm bei Nacht

Für 4 Burger:

4 Laugensemmeln
je 2 EL Senf mittelscharf, süßer Senf und Sauerrahm
1 Tomate
4 Radieschen
Salatblätter
4 Sch. Leberkäse
4 Eier
Öl, Salz, Pfeffer

Laugensemmeln in der Mitte aufschneiden und beiseite legen. Den Senf mit dem Sauerrahm verrühren, mit Salz und Pfeffer abschmecken und auf die Unterseite der Semmeln geben. Tomaten und Radieschen in dünne Scheiben schneiden und zusammen mit den Salatblättern auflegen. Den Leberkäse von beiden Seiten in einer Pfanne anbräunen und auf die Semmeln legen. Anschließend Spiegeleier zubereiten und ebenfalls auf die Semmelunterseiten geben. Oberseiten draufsetzen und direkt servieren.

HASCH DES SCHO GWISST?

An vielen Orten des damaligen Deutschlands und in den Kolonien wurden Bismarck-Denkmäler errichtet. Der Augsburger Turm folgt dem Einheitsentwurf "Götterdämmerung" von Wilhelm Kreis und ist demzufolge baugleich mit 47 anderen Bismarcktürmen. An Silvester treffen sich hier viele Menschen, um das neue Jahr bei grandiosem Blick auf Augsburg zu begrüßen. Im Sommer ist der Turm begehbar.

Lech-Wertach-Tal

Nicht verpassen!

Da muasch no!

Juli:

alle 5 Jahre Historisches Dorffest in Wehringen

Fischerfest in Großaitingen (Mitte / Ende Juli)

Bürgerfest Untermeitingen (letzter So im Juli)

August:

Mostfest in Großaitingen (1. Sa)

Italienische Nacht in Untermeitingen (1. So)

Im Bereich des Städtischen Friedhofs Königsbrunn an der Wertachstraße konnten in den vergangenen Jahren zahlreiche Gebäudespuren einer öffentlichen Badeanlage aus der Römerzeit gesichert werden. Bäder gehörten zum allgemeinen römischen Hygienestandard und allein die technische Konstruktion der Königsbrunner Anlage ist äußerst faszinierend. Inzwischen ist das Römerbad öffentlich zugänglich und mit zahlreichen Informationstafeln versehen. Wer sich aber nicht nur theoretisch mit dem Baden beschäftigen möchte, findet im Freibad Singoldwelle im benachbarten Schwabmünchen oder im Bobinger Aquamarin (Frei- und Hallenbad) sowie an zahlreichen Badeseen ausreichend Gelegenheit dazu.

Königsbrunn

Kohlrabipommes

ein gesunder Snack für Kinder

Für 1 Portion:

1 Kohlrabi
1 EL Öl
Paprikapulver
Salz, Pfeffer
Kräuter nach Belieben

Backofen auf 200°C (Ober-/Unterhitze) vorheizen.
Kohlrabi schälen und in Pommes-Sticks schneiden. In eine Schüssel geben und gut mit dem Öl durchmischen. Nach Lust und Laune mit Paprikapulver und Kräutern, Salz und Pfeffer würzen. Im Backofen ca. 30-35 Minuten backen, dabei mehrmals wenden.

Tipp: Mit Rote Bete- und Kürbis-Sticks (z.B. Hokkaido) werden daraus bunte Gemüse-Pommes.

Hasch des scho gwisst?

Brunnen waren früher Orte der Wasserversorgung und Treffpunkt für Menschen. Heute sind Brunnen oft Ausdruck künstlerischer Vorstellungen und laden zum Verweilen ein. In Königsbrunn lassen sich 14 Brunnen für eine kleine Ruhepause finden, z.B. der Taubenmariebrunnen. Nähere Informationen dazu gibt es im Buch "Königsbrunn, unsere Brunnen" von Susanne Lorenz.

Zucchini-Kiachla

mit Sauerrahm-Dip

Für 4 Portionen:

600 g Zucchini
400 g Karotten
2 Zwiebeln
1 Becher Sauerrahm
2 EL Gartenkresse
2 EL Petersilie
3 Eier
5 EL Mehl
Butterschmalz zum Braten
Salz, Pfeffer

Zucchini und Karotten raspeln und mit 1 Teelöffel Salz etwa 20 Minuten ziehen lassen. In der Zwischenzeit die Zwiebeln klein hacken und zur Seite stellen. Sauerrahm aufrühren, Kräuter fein schneiden und zugeben. Mit Salz und Pfeffer abschmecken.
Die Zucchini und Karotten in ein feines Sieb geben und die Flüssigkeit gut ausdrücken. Anschließend in eine Schüssel geben, Zwiebel, Eier und Mehl dazugeben und verrühren. Die Masse mit Salz und Pfeffer würzen. In einer Pfanne Butterschmalz erhitzen, von der Zucchini-Karotten-Masse kleine Küchle goldbraun ausbacken. Auf Küchenpapier abtropfen lassen und mit dem Sauerrahm-Dip servieren.
TIPP: Dazu passt frischer Blattsalat.

Hasch des scho gwisst?

Die fertigen, erkalteten Zucchini-Kiachla können auch portionsweise eingefroren werden. Wenn es in der Küche mal wieder schnell gehen muss, können diese einfach aus dem Gefrierfach entnommen werden und ohne aufzutauen direkt in der Pfanne im heißen Öl nochmals ausgebacken werden.

Wurstsalat

der Klassiker zur Brotzeit

Erntezeit in Langerringen

Für 4 Portionen:

½ kg Lyoner oder Fleischwurst
3-4 Essiggurken
1 rote Zwiebel
3 EL Weinessig
3 EL Öl
6 EL Brühe (S.159)
1 TL Senf
1 Schale Kresse oder ½ Bd. Petersilie
Salz, Pfeffer

Die Wurst in Scheiben schneiden. Praktisch ist auch, den Metzger zu bitten, dies zu übernehmen. Die Scheiben in schmale Streifen schneiden und in eine Schüssel geben. Essiggurken ebenfalls in Scheiben, dann in Streifen schneiden, die Zwiebel in Ringe schneiden, alles in die Schüssel geben. Aus Essig, Öl, Brühe und Senf eine Marinade anrühren, mit Salz und Pfeffer abschmecken und untermischen. Kresse abzupfen oder Petersilie klein schneiden und über den Wurstsalat streuen.

Hasch des scho gwisst?

Manche Lebensmittel können lange gelagert werden, Getreide zum Beispiel. Doch wie schaut es mit Obst und Gemüse aus?
Welches Gemüse und Obst aus der Region hat gerade Saison? Erfahren Sie mehr im Saisonkalender auf den Seiten 185-187.

Himbeer-Schmand-Kuchen

mit Eierlikör-Guss

Für 1 Blech:

750 g Himbeeren
4 Eier, 250 g Zucker
4 Pck. Vanillezucker
125 ml Öl
150 ml Mineralwasser
250 g Mehl
3 TL Backpulver
500 ml Sahne
600 g Schmand
200 ml Eierlikör
2 Blatt Gelatine

Himbeeren waschen. Ein tiefes Backblech einfetten, Backofen auf 175°C (Ober-/Unterhitze) vorheizen. Eier, Zucker und 1 Pck. Vanillezucker schaumig schlagen. Öl und Mineralwasser unterrühren, dann Mehl mit Backpulver.
Teig auf dem Blech verteilen, ca. 25 Minuten backen. Abkühlen lassen, Himbeeren darauf verteilen. Sahne mit 2 Pck. Vanillezucker steif schlagen. Schmand verrühren und Sahne unterheben. Masse auf dem Obst verteilen.
Gelatine in etwas kaltem Wasser für ca. 10 Minuten einweichen, Wasser abgießen. Gelatine im Wasserbad erwärmen, bis sie flüssig ist. Etwas abkühlen lassen, dann eine kleine Menge Eierlikör unterrühren, im Anschluss diese Mischung unten den restlichen Eierlikör mit 1 Pck. Vanillezucker geben, gut mischen und auf dem Kuchen verteilen. Für 2-3 Stunden kühl stellen.

So gats au:

Der Kuchen kann auch mit tiefgekühlten Himbeeren hergestellt werden. Die Himbeeren dafür mit Puderzucker bestreuen und auftauen lassen.
Auch die Früchte können jederzeit erstetzt werden, z. B. mit Erdbeeren, Heidelbeeren, Stachelbeeren.

Sommerwaffeln

mit Erdbeer-Minz-Ragout

Scheppacher Kapelle

Für 4 Portionen:

250 g Erdbeeren
¼ Bd. Minze
2 EL Holunderblütensirup
1 Ei, 50 g Butter
30 g Zucker
120 g Mehl, Salz
¼ TL Backpulver
100 g Sahne
100 ml Wasser
Öl, Puderzucker

Erdbeeren waschen und vierteln. Minze waschen, trocken schleudern und fein hacken. Die Hälfte der Erdbeeren mit 1 EL Sirup pürieren. Die zweite Hälfte der Erdbeeren mit 1 EL Sirup und Minzblättchen ca. 30 Minuten marinieren.

Zwischenzeitlich die Waffeln herstellen: Ei trennen. Eiweiß zu Schnee schlagen, das Eigelb mit Butter und Zucker schaumig rühren. Das Mehl mit einer Prise Salz und dem Backpulver vermischen und zusammen unter die Ei-Masse rühren. Eischnee unterheben und mit Sahne und Wasser zu einem glatten Teig verrühren.

Waffeleisen erhitzen, mit etwas Öl einreiben. Nach und nach die Waffeln goldbraun backen. Nach Wunsch mit Puderzucker bestäuben und mit der Sauce und dem Erdbeer-Minz-Ragout servieren.

TIPP: Wer kein Waffeleisen zur Hand hat, kann aus dem Teig kleine Pfannkuchen in der Pfanne backen.

DA MUASCH NO!

Im Wald bei Döpshofen liegt die Scheppacher Kapelle zur "Mutter Gottes im Rauen Forst". Von Reinhartshausen führt ein Rundwanderweg dorthin und über den Engelshof wieder zurück. Für Radler gibt es viele ausgeschilderte, familienfreundliche Radwege, die an der Kapelle vorbei führen.

HERBST

Im Herbst laden im Landkreis viele Gemeinden zu Erntedank- und Kirchweihfesten ein. Auch der traditionelle Leonhardiritt findet in vielen Gemeinden rund um Leonhardi (6. November) statt.

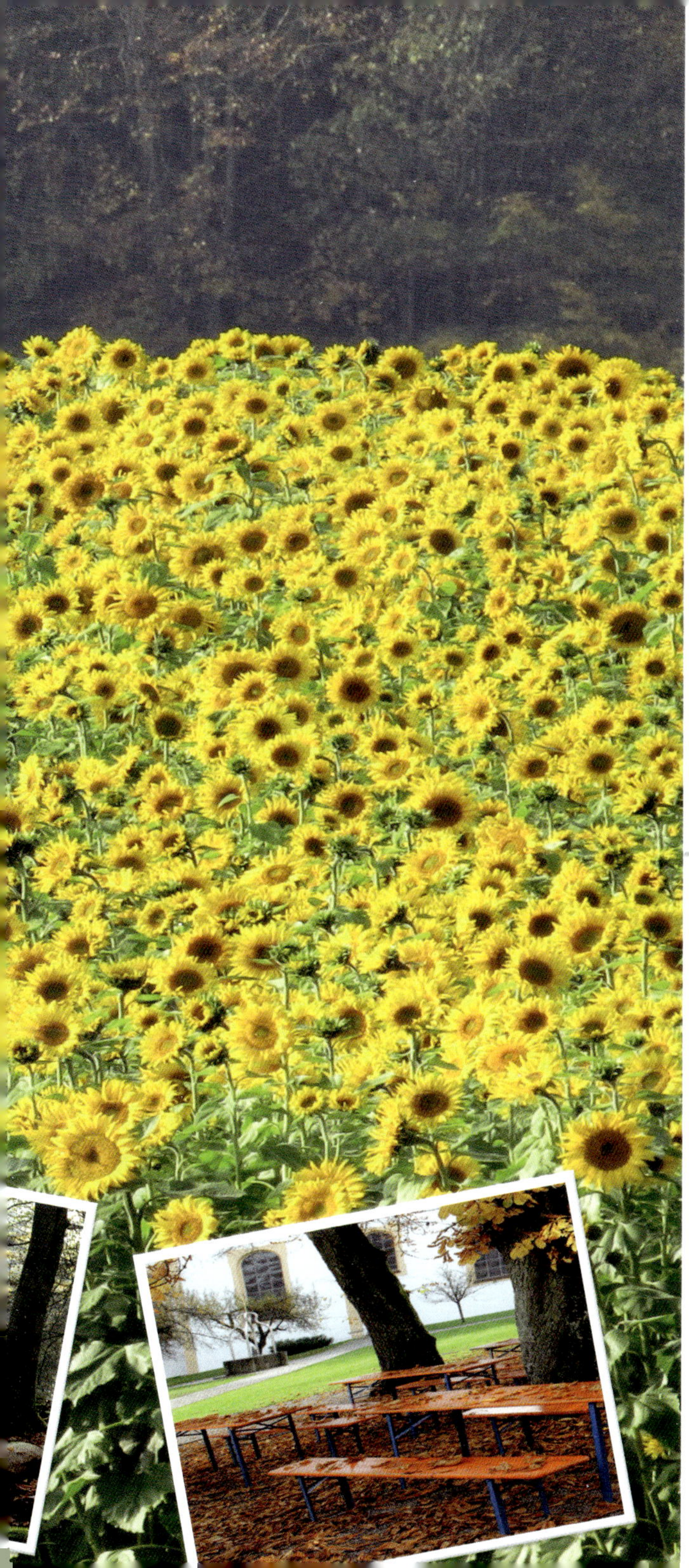

NICHT VERPASSEN!

DA MUASCH NO!

SEPTEMBER

Heilig-Kreuz-Markt in Biberbach (1. So)

zeitgleich am Samstag und Sonntag des Wochenendes - Schwäbischer Spezialitätenabend des Blasorchesters Biberbach

Ökomarkt in Meitingen

OKTOBER

Gersthofer Kirchweih - Volksfest

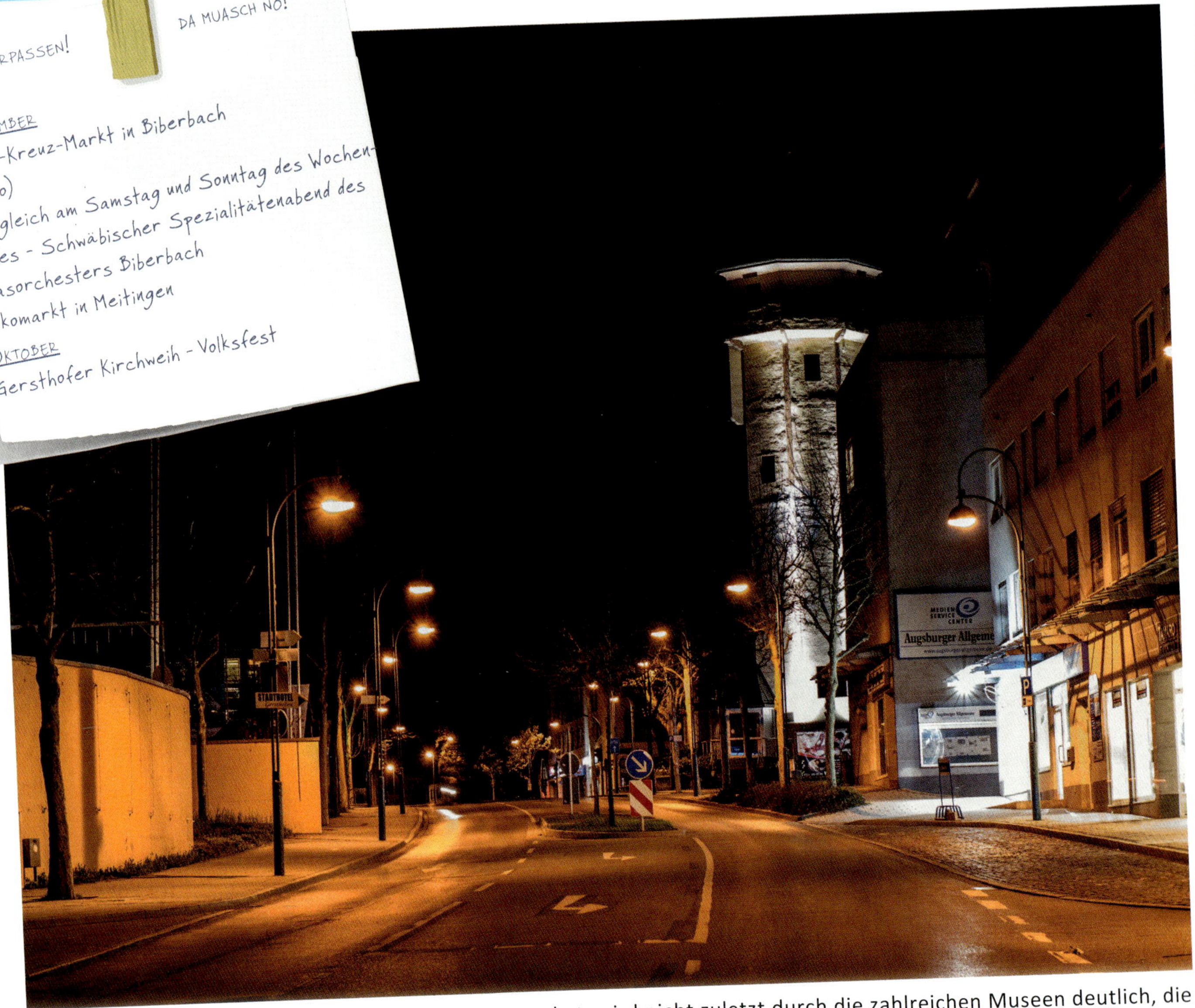

Dass das Lech-Schmutter-Tal kulturell einiges zu bieten hat, wird nicht zuletzt durch die zahlreichen Museen deutlich, die zudem eine große inhaltliche Bandbreite abdecken. Während sich interessierte Besucher im Archäologischen Heimatmuseum Gablingen auf eine Zeitreise von der Mittelsteinzeit über die Bronze- und Eisenzeit und das Zeitalter der Römer bis ins frühe Mittelalter begeben können, kann man im Ballonmuseum Gersthofen alles Wissenswerte rund um die Ballonfahrt in Erfahrung bringen. Außerdem locken das Lechmuseum in Langweid, die Trachten- und Heimatstube Thierhaupten sowie das überregional bekannte Klostermühlenmuseum Thierhaupten jedes Jahr aus Nah und Fern Besucher in die Region.

Gersthofen

Eiercreme

mit Paprika

Für 4 Portionen:

2 Eier
4 Stängel Dill
4 Stängel Petersilie
1 rote Spitzpaprika
150 g Frischkäse
100 g Joghurt
1 EL Senf
1 MSP Curry
etwas Zitronensaft
Salz, Pfeffer

Eier hart kochen, anschließend pellen und klein würfeln. Kräuter abbrausen und fein hacken. Paprika waschen, putzen und klein würfeln. Frischkäse mit Joghurt und Senf glatt rühren, mit Curry, Zitronensaft, Salz und Pfeffer würzen. Zwei Drittel der Kräuter, sowie Eier- und Paprikawürfel zugeben und unter den Dip heben.

Den fertigen Dip in eine Schüssel füllen und mit den restlichen Kräutern garnieren.

HASCH DES SCHO GWISST?

Gersthofen, die Kleinstadt mit Profil, bietet kulturell für jeden etwas. Im Sommer gibt es mit der Kulturina ein tolles Stadtfest und zur Abkühlung steht die "Gerfriedswelle" zur Verfügung. Im Herbst wird auf dem Kirchweih-Volksfest gefeiert. Mit dem Winterglühen (Weihnachtsmarkt) und Wintertraum (künstliche Eislaufbahn) besteht auch in der kalten Jahreszeit ein interessantes Outdoorangebot. Das ganze Jahr über finden Veranstaltungen im Ballonmuseum oder der Stadthalle statt.

Riebelesupp

schnell, einfach, guad

Für 4 Portionen:

250 g Mehl
2-3 Eier
1 l Brühe (S. 159)
etwas Schnittlauch
Salz

Aus Mehl, Eiern und 1 Prise Salz einen festen Nudelteig kneten und etwa 10 Minuten ruhen lassen. Anschließend den Teig flach drücken und mit einem Messer in erbsengroße Stückchen hacken oder auf einem Reibeisen (Kartoffel- bzw. Musreibe) reiben.

Schnittlauch in Röllchen schneiden. Brühe zum Kochen bringen und die Riebele einstreuen.

Kurz aufkochen lassen und beim Servieren mit Schnittlauchröllchen garnieren.

Hasch des scho gwisst?

Zur Vorratshaltung können größere Mengen Riebele hergestellt werden. Einfach die Riebele auf Brettern trocknen und in einem Leinensäckchen oder Vorratsbehältnis aufbewahren. Bei Bedarf in kochende Brühe geben und ziehen lassen.

Kartoffelauflauf

mit Salbei und Rosmarin

Kühlenthaler See

Für 4 Portionen:

800 g Kartoffeln
100 ml Milch
150 ml Sahne
3 Eier
2 Knoblauchzehen
½ Bd. Salbei
1 TL Rosmarin
1 EL Butter
200 g Käse, Feta-Art
100 g Schnittkäse
Salz, Pfeffer

Kartoffeln (festkochend) waschen und mit Schale ca. 20 Minuten kochen. Warm pellen und abkühlen lassen. Anschließend in sehr dünne Scheiben (ca. 0,3 cm) schneiden. Zwischenzeitlich Milch, Sahne, Eier und klein geschnittenen Knoblauch zu einer sämigen Flüssigkeit verquirlen. Mit klein geschnittenem Salbei und Rosmarin vermischen.
In einer mit Butter eingefetteten Auflaufform die Kartoffel-Scheiben dachziegelartig schichten. Käse reiben. Die Hälfte des Käses in die Lücken streuen, anschließend die verquirlte Flüssigkeit darüber gießen. Auf der mittleren Schiene im vorgeheizten Backofen bei 190°C (Umluft) für ca. 40 Minuten überbacken. Nach 10 Minuten ggf. mit Alufolie abdecken und die letzten 10 Minuten vor Ende den restlichen Käse darüber streuen und anschmelzen lassen.

Hasch des scho gwisst?

Der Kühlenthaler Weiher lädt auch im Herbst zu einem Spaziergang ein. Insgesamt lässt sich rund um die Verwaltungsgemeinschaft Nordendorf, zu der auch Kühlenthal gehört, wunderbar wandern und radeln. Auch in Blankenburg lohnen sich schöne Herbstwanderungen. Auch wenn von der Burg, die vor mehr als 1000 Jahren dort errichtet war und somit Namensgeber des Ortes ist nichts mehr zu sehen ist, lohnt sich ein Marsch durch die im Herbst farbenfrohen Mischwälder.

Zwiebelrostbraten

der Klassiker der heimischen Küche

Für 4 Portionen:

800 g Roastbeef
Mehl
Butterschmalz
4 Zwiebeln
150 ml Rotwein
½ TL Würzl (S. 159)
Salz, Pfeffer

Backofen auf 100°C (Umluft) vorheizen.
Das Roastbeef in ca. 3 cm dicke Scheiben schneiden, pfeffern und in Mehl wenden. Butterschmalz in der Pfanne erhitzen und das Fleisch von jeder Seite etwa 1-2 Minuten scharf anbraten. Anschließend salzen, in Alufolie wickeln und im Backofen (mittlere Schiene) 20-25 Minuten rosa garen.
Eine Zwiebel fein hacken und in der Fleischpfanne glasig braten. Mit 1 EL Mehl bestäuben, mit Rotwein ablöschen. Würzl zugeben und einköcheln lassen, mit Salz und Pfeffer abschmecken.
Die restlichen Zwiebeln zum Rösten in Ringe schneiden, salzen und in Mehl wenden. In Butterschmalz goldgelb braten.
Fleisch aus dem Backofen nehmen und kurz ruhen lassen. Mit der Sauce auf Tellern anrichten und mit Zwiebelringen garnieren.

<u>Hasch des scho gwisst?</u>

Der Name „Braten" täuscht bei diesem Gericht, da es sich hierbei nicht um einen klassischen Braten, sondern um Kurzgebratenes handelt. Daher eignet sich für den Zwiebelrostbraten vor allem Fleisch, das für Steaks verwendet wird: z.B. Hochrippe und Roastbeef - saftig mit feinen Fettäderchen oder Filet - zart und feinfasrig oder Hüfte - zart und saftig mit Fettäderchen.

Kässpätzla

mit Röstzwiebeln

Schmutter in Nordendorf

Für 4 Portionen:

2 große Zwiebeln
100 g Butter
400 g würziger Käse (z.B. Bergkäse, Schnittkäse und Weichkäse mit Rotschmiere gemischt)
1 kg Spätzla (S. 162)
Muskat
Salz, Pfeffer

Die Zwiebeln in Ringe schneiden und in 50 g Butter schmelzen.

Backofen auf 160°C (Umluft) vorheizen. Den Käse reiben, mischen, mit Muskat, Salz und Pfeffer würzen. Spätzla und Käse-Mischung abwechselnd in eine Auflaufform schichten, mit Käse-Mischung abschließen und Zwiebeln oben drauf geben. Im vorgeheizten Backofen (mittlere Schiene) etwa 10 Minuten überbacken.

Drzua basst: frischer Blattsalat.

Hasch des scho gwisst?

Die Schmutter, die in den Stauden in der Nähe von Siebnach entspringt, fließt durch den gesamten Landkreis, bevor sie dann nach ca. 96 km in die Donau mündet. Ihr Name stammt aus dem Germanischen und bedeutet "die Morastige, die durch Moor fließende". Von der Mündung her wurde sie leider begradigt, jedoch ab Neusäß flussaufwärts folgt sie ihrem natürlichen Lauf.

Geflügelsalat

perfekte Resteverwertung

Für des was roicht:

Fleisch und Gemüse aus der Zubereitung der Hühnerbrühe (S.159)
Mayonnaise
Öl
Essig
Hühnerbrühe
1 Handvoll Basilikum
Salz, Pfeffer

Gemüse und Fleisch in kleine Würfel schneiden. Basilikum, kleinblättriges oder das übliche, abzupfen und klein zupfen.
Für das Dressing Mayonnaise, Öl, Essig und Hühnerbrühe zu gleichen Teilen verrühren, salzen und kräftig mit Pfeffer abschmecken. Gemüse, Fleisch und Basilikum vorsichtig mit dem Dressing vermengen.

So gats au: Statt Basilikum mit Curry würzen.

Hasch des scho gwisst?

Die Zutaten und Mengen sind bei diesem Restle-Salat natürlich davon abhängig, wie die Hühnerbrühe (siehe Seite 159) zubereitet wurde. Zusätzlich zu den Karotten und dem Sellerie ist es empfehlenswert, zwei Kartoffeln und eine Pastinake oder auch Petersilienwurzel mitzukochen.

Vogelparadies Ellgau

Apfelstrudel

das Herbstdessert schlechthin

Für 2 Strudel:

250 g Mehl
5 TL Butter
1 TL Essig
5 EL Wasser
1 Ei
Öl
1 kg Äpfel
100 g Nüsse
50 g Semmelbrösel
Salz
Sahne nach Belieben

Das Mehl mit 1 TL zerlassener Butter, einer Prise Salz, Essig, Wasser und dem Ei mit dem Rührgerät zu einem festen Teig verkneten. Anschließend mit Öl bestreichen und mindestens 1 Stunde ruhen lassen. In der Zwischenzeit die Äpfel schälen, fein hobeln und die Nüsse mahlen.

Den Strudelteig halbieren und jeweils ausrollen. Die Semmelbrösel in der restlichen Butter anrösten und auf jedem Strudelteig verteilen. Die Äpfel mit den Nüssen vermischen und auf die beiden Hälften streichen. Jedes Teig-Apfel-Gemisch aufrollen, in eine gefettete Reine (Auflaufform) geben und bei 175°C (Umluft) 45 Minuten backen.

Lauwarm mit frisch aufgeschlagener Sahne servieren.

DA MUASCH NO!

Beim historischen Rundgang "Ellgau früher und heute" kann man sich in etwa 2 Stunden über die Geschichte Ellgaus informieren. Natur pur gibt's weiterhin bei den Wandermöglichkeiten am Lech rund um das Wasserkraftwerk, wo man viele Wasservögel beobachten kann.

Holzwinkel

Nicht verpassen! Da muasch no!

Oktober
Krautfest in Neumünster (1. Oktober WE)
Apfelfest in Welden (Anfang Oktober)

Mit gleich zwei Besonderheiten macht die Gemeinde Bonstetten einen Ausflug in den herbstlichen Holzwinkel attraktiv. Der von Hama Lohrmann gestaltete LandArtKunstpfad berührt alle Sinne. Ausgangspunkt des Pfads ist die erste Station in der Ortsmitte, anschließend führt der gut ausgeschilderte Weg über einen etwa sechs Kilometer langen Rundkurs durch die angrenzenden Westlichen Wälder. Wer sich für die Entstehungsgeschichte der Erde interessiert, der kann sich – je nach Wegstrecke – auf einem drei bis sieben Kilometer langen Weg am Stauffenberg über die Entstehung des Alpenvorlandes im Verlauf der verschiedenen Kalt- und Warmzeiten sowie über den geologischen Aufbau des Stauffenbergs informieren.

Kartoffelsupp

wärmt auf, nicht nur nach einem langen Spaziergang

Fernsehturm auf dem Stauffenberg

Für 4 Portionen:

400 g Kartoffeln
150 g Knollensellerie
1 Karotte, 1 Pastinake
1 Stange Lauch
3 Zwiebeln
2 Knoblauchzehen
3 EL Öl
1 l Brühe (S.159)
Kümmel, Majoran
Sauerrahm
Salz, Pfeffer

Kartoffeln, Knollensellerie, Karotte und Pastinake schälen und würfeln, Lauch der Länge nach halbieren, waschen und klein schneiden. Zwiebeln und Knoblauch fein würfeln. Zwiebeln in heißem Öl anschwitzen, dann das Gemüse, Knoblauch und Kümmel zufügen und bei guter Hitze andünsten. Mit Salz und Pfeffer würzen, Gemüsebrühe (oder Wasser) angießen. Sobald die Suppe kocht, auf kleiner Flamme 20 Minuten köcheln lassen.
Die Suppe pürieren, es darf ein bisschen stückig bleiben. Mit Sauerrahm, Majoran, Pfeffer und Salz abschmecken.

Tipp: Kümmel am besten frisch gemahlen verwenden oder im Mörser ein bisschen anstoßen, so entfaltet sich die wohltuende und aromatische Wirkung des Kümmels besonders gut.

DA MUASCH NO!
Auf dem Stauffenberg bei Bonstetten wurde ein geologischer Lehr- und Landschaftspfad angelegt, der über die Entstehung des Alpenvorlandes informiert, sowie den geologischen Aufbau des Stauffenbergs darstellt. Außerdem befindet sich auf dem Berg der 161,5m hohe Fernmeldeturm, der weithin sichtbar ist.

Zwetschgadatschi

der Klassiker im Augsburger Land

Für 1 Blech:

10 g Hefe
50 g Zucker
125 ml Milch
250 g Mehl
50 g Butter
1 Ei
1 Prise Salz
ca. 2 kg Zwetschgen

Hefe und 1 TL Zucker in lauwarmer Milch auflösen. Mehl in eine Schüssel geben, eine Mulde formen und Hefe-Milchmischung dazugeben. Zugedeckt 15 Minuten gehen lassen.
Geschmolzene Butter, restlichen Zucker, Ei und eine Prise Salz zum Vorteig geben. Teig solange kneten, bis er sich von der Schüssel löst. Zugedeckt zum doppelten Volumen gehen lassen.

Teig nochmals durchkneten, auf einer bemehlten Arbeitsfläche ausrollen. Auf ein mit Backpapier ausgelegtes Blech legen, einen kleinen Rand formen. Backofen auf 200°C (Ober-/Unterhitze) vorheizen. Die Zwetschgen entsteinen, vierteln und dicht an dicht, mit der Schalenseite nach unten in Reihen belegen, so dass kein Teig mehr dazwischen sichtbar ist. Für 25-30 Minuten backen.

Hasch des scho gwisst?

Was ist ein Datschi? Ein Blechkuchen mit eingedrückten Früchten.
Was ist dann ein Datschiburger? Ganz klar, ein Augburger!
Warum? Weil der Zwetschgendatschi eine kulinarische Spezialität aus Augsburg ist und er in seiner Form und Aussehen dem Augsburger Stadtwappen, der Zirbelnuss, gleichen soll. So bekamen die Augsburger diesen besonderen Namen.

BAUTZA

mit Kraut oder wers liaber siass mog mit Apfelmuas

Wallfahrtskirche Violau

Für 4 Portionen:

750 g Kartoffeln, mehlig kochend
200 g Mehl
2 Eier
Muskat
Butterschmalz
Salz

Kartoffeln in der Schale ca. 30 Minuten kochen. Schälen und noch heiß durch die Kartoffelpresse drücken oder fein reiben. Dann abkühlen lassen. Die erkalteten Kartoffeln mit Mehl und Eiern vermischen, mit Muskat und Salz würzen. Den Teig auf einer bemehlten Arbeitsfläche portionsweise zu gut bleistiftdicken Rollen ausrollen, in 3-5 cm lange Stücke schneiden und zwischen beiden Händen zu ihrer typischen Form rollen.
Butterschmalz erhitzen und Bautza von allen Seiten goldgelb und knusprig anbraten.

Tipp: Bautza können mit Sauerkraut oder Apfelmuas serviert werden und schmecken auch als Beilage zu Fleischgerichten.

DA MUASCH NO!
Weithin bekannt ist Violau aufgrund seiner Wallfahrtskirche und dem Bruder-Klaus-Heim, einem Schullandheim, das nicht nur Schüler, sondern auch Vereine und größere Gruppen für Tagungen, Treffen, etc. nutzen. Eine weitere Besonderheit ist die Sternwarte mit ihrem 76 cm großen Teleskop, das bei den richtigen Bedingungen tolle Bilder von unserem Sternenhimmel liefert (Besuch auf Anfrage).

Kürbis-Spinat-Lasagne

Lieblingsrezept von Autorin Eva Reichert

Eva Reichert

Für 4 Portionen:

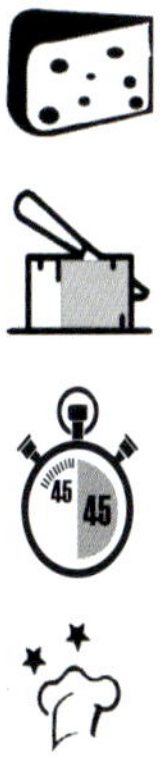

30 g Butter
30 g Mehl
900 ml Milch
1 Zwiebel
2 Nelken
5 Pfefferkörner, 1 Piment
150 g Frischkäse
1 kg Kürbis z.B. Hokkaido
3 Knoblauchzehen, Rosmarin
500 g Spinat
250 g kleine Tomaten
100 g Hartkäse
Öl, Salz, Pfeffer
Lasagneblätter

Butter erhitzen und mit Mehl hellgelb anschwitzen. Nach und nach mit der Milch aufgießen, dabei ständig rühren, aufkochen lassen. Klein geschnittene Zwiebel, Nelken, Pfeffer und Piment zugeben und 15 Minuten köcheln lassen, dabei gelegentlich umrühren. Sauce fein passieren, Frischkäse aufrühren und unterheben.
Kürbis in dünne Scheiben, dann in mundgerechte Stücke schneiden. Mit klein geschnittenem Knoblauch, Rosmarin und Salz vermischen.
Den vorbereiteten Spinat für 2 Minuten in Salzwasser blanchieren, herausnehmen, klein schneiden und mit Salz und Pfeffer würzen. Tomaten vierteln, Käse fein reiben.
Backofen auf 180°C (Ober-/Unterhitze) vorheizen. Auflaufform einfetten, etwas Sauce auf dem Boden verteilen. Lasagneblätter auslegen, lagenweise Gemüse, Sauce, Nudeln einschichten bis alles aufgebraucht ist. Mit Sauce abschließen und mit Käse bestreuen. Für 40-45 Minuten backen.

<u>Eva Reichert</u>
Ihre ersten Kocherfahrungen reichen in die Grundschulzeit zurück. Damals kochte sie im Alter von sechs Jahren geröstete Haferflocken mit Milch, an einem Kinderherd. Sie isst für ihr Leben gerne Flädlesuppe und probiert ebenso gerne neue Kreationen aus. Die Gartenbauingenieurin gibt mit den Essgefährten ihre Kenntnisse von nachhaltiger Esskultur in Projekten, Seminaren und Veranstaltungen weiter.
Weitere Informationen:
www.die-essgefaehrten.de

Nicht verpassen!

Da muasch no!

<u>September</u>

Marktsonntag in Dinkelscherben (2. Sonntag)

Marktsonntag Zusmarshausen (3. Sonntag)

<u>Oktober:</u>

Erntedankumzug mit Erntedankfest auf dem Martinsplatz in Horgau

Oktoberfest am Schwedenweg in Horgau (2.10.)

Der Kalvarienberg in Ustersbach ist ein Geheimtipp der Region. Südöstlich der 1726 durch Joseph Meitinger erbauten Pfarrkirche St. Fridolin gelegen, erstrecken sich an einem mit unzähligen Laubbäumen bepflanzten Hang insgesamt vierzehn Kreuzwegstationen mit einer von Halbsäulen flankierten Kreuzkapelle mit Schweifgiebel (Station VII), einem Christus in der Rast sowie einer Lourdesgrotte. Die weitläufige, abgeschiedene Anlage, die Ende des 19. bzw. Anfang des 20. Jahrhunderts entstanden ist, zieht Besucher durch ihre einzigartige Atmosphäre in den Bann und lädt deshalb in besonderem Maße zur inneren Einkehr ein.

Lauchsupp

mit verquirltem Ei

Herbstgewitter über Ustersbach

Für 4 Portionen:

1,5 l Wasser
400 g Lauch
2 TL Salz
30 g Butterschmalz
30 g Mehl
150 ml Wasser
2 Eier
Muskat
Salz, Pfeffer

Wasser zum Kochen bringen. Lauch waschen und in Scheiben schneiden. Salz und Lauch in das kochende Wasser geben und den Lauch gar kochen.
In einem extra Topf das Butterschmalz erhitzen, das Mehl zufügen und eine helle Einbrenne herstellen, mit kaltem Wasser ablöschen, dabei kräftig mit dem Schneebesen rühren, bis sie glatt und sämig ist.
Die Einbrenne zum gekochten Lauch geben, die Eier verquirlen und direkt in die Suppe einrühren.
Alles kurz aufkochen lassen, mit Muskat, Salz und Pfeffer abschmecken und heiß servieren.

HASCH DES SCHO GWISST?
Die Reischenau liegt zwischen den zwei waldreichen Gebieten "Westliche Wälder" und "Stauden" in einem Talkessel und war früher ein ausgedehntes Niedermoorgebiet, in dem viele Binsen (Reischen) wuchsen. Daher auch der Name für diese Gegend. Ein Teil der Niedermoorflächen sind heute noch vorhanden und beherbergen auch seltene Tier- und Pflanzenarten.

Lamm-Leber

mit Apfelrädla

Für 4 Portionen:

1-2 Lammleber
3-4 Frühlingszwiebeln
2 Äpfel
1 Zweig Rosmarin
Öl zum Braten
Salz, Pfeffer

Lammleber abwaschen, trockentupfen und in ca. 1 cm dicke Scheiben schneiden. Die Frühlingszwiebeln in dünne Ringe schneiden. Das Kerngehäuse der Äpfel entfernen (geht gut mit einem Apfelausstecher) und ebenfalls in dünne Scheiben schneiden. Die Rosmarinnadeln abzupfen und fein hacken.

Öl in einer Pfanne bei mäßiger Temperatur erhitzen und die Zwiebelringe für ein paar Minuten anschwitzen. Dann die Leber auf die Zwiebeln legen und ca. 2 Minuten braten. Die Scheiben wenden, dann den Rosmarin über die Leber streuen und die Apfelringe darüber geben. Bei geschlossenem Deckel die Leber nochmals 3-4 Minuten braten. Am Ende mit Salz und Pfeffer würzen.

<u>Drzua bassd:</u>

2 Zwiebeln schneiden und in etwas Butter andünsten. Anschließend mit ½ l Brühe (siehe Seite 159) und 250 ml Apfelsaft (oder Mischung aus 100 ml Apfelsaft und 150 ml Holundersaft) ablöschen und auf die Hälfte reduzieren lassen. Mit Salz und Pfeffer abschmecken.

Herpfenried

Wurzelfleisch

mit Meerrettich-Sauce

Für 4 Portionen:

250 g Karotten
150 g Knollensellerie
1 Zwiebel
2 Stängel Petersilie
2 Lorbeerblätter
2 l Wasser
1 kg Rindfleisch (Brust)
750 g Kartoffeln
1 EL Butter, Petersilie, Salz, Pfeffer

Gemüse klein schneiden und mit Petersilie, Lorbeer, Salz und Pfeffer zum Kochen bringen. Wenn das Wasser kocht, die Temperatur reduzieren. Fleisch einlegen und für ca. 2 Stunden zugedeckt sieden lassen. Entstehenden Schaum abschöpfen.
30 Minuten vor Kochende die Kartoffeln schälen und im Ganzen kochen. Kurz vor dem Anrichten die Kartoffeln in Butter und Petersilie schwenken. Das Fleisch quer zur Faser in dünne Scheiben schneiden und zusammen mit den Kartoffeln und der Meerrettichsauce servieren.

Für die Meerrettich-Sauce: 100 g Meerrettich fein reiben. 30 g Butter erhitzen und 30 g Mehl darin hell anschwitzen. Mit 200 ml Brühe ablöschen, Meerrettich zufügen und kurz aufkochen lassen. 100 ml Sahne zugießen, mit Salz und Pfeffer würzen.

DA MUASCH NO!

Der Weiler Herpfenried liegt westlich von Horgau an der Roth. Dort steht eine alte Mühle, die Zeugnis unserer Heimatkultur ablegt. In der Kapelle im Nachbarort Bieselbach steht der berühmte holzgeschnitzte Flügelaltar des Ulmer Bildhauers Daniel Mauch.

Scheiterhaufen

Lieblingsrezept von Carina Burkhard - Kochbuchteam Landratsamt

Carina Burkhard

Für 1 Auflaufform:

15 Semmeln, vom Vortag
12 kleine Äpfel
2 TL Zimt
3 EL Zucker
1 MSP Vanillepulver
1 Liter Milch
2 EL Butter für die Form
¼ Bd. Minze

Backofen auf 200°C vorheizen (Ober-/ Unterhitze).
Semmeln in Scheiben schneiden. Äpfel waschen, schälen, vierteln, Kerngehäuse entfernen und in dünne Scheiben schneiden. Zimt, Zucker und Vanille mischen. Semmelscheiben in der Milch einweichen. Form (o. kleine Portionsförmchen) einfetten.
Den Boden der Form mit einer Schicht Semmelscheiben belegen. Eine Lage Äpfel darauf schichten. Diese Schicht mit Zimt-Vanille-Zucker bestreuen.
So weiter verfahren, bis alles verteilt ist. Scheiterhaufen 45-50 Minuten backen.
Minze waschen, trocken schleudern und fein hacken. Den gebackenen Scheiterhaufen mit Minze bestreuen.

Mein Lieblingsort im Landkreis ist der Klosterhof in Oberschönenfeld, wo ich gerne hin spaziere und den Hof, Biergarten, das Museum, die Kirche oder den tollen Weihnachtsmarkt genieße. Carina Burkhard

Stauden

Nicht verpassen!

Da muasch no!

September
Kutschenturnier auf der Herrgottsruh in Mickhausen (1. Wochenende)

Oktober
Kirchweihmarkt in Fischach (3. Sonntag)
Theateraufführungen im Schlosshof-saal in Mickhausen Ende Oktober

Die Stauden sind ein wahres Paradies für Wanderer. Abseits überlaufener Routen findet sich inmitten des Naturparks Augsburg Westliche Wälder in landschaftlich reizvoller Umgebung ein gut ausgeschildertes Wegenetz, das mit verschiedenen thematischen Schwerpunkten zu einer Auszeit einlädt. So wurde beispielsweise der Weg der Besinnung in Mittelneufnach nicht nur mit informativen Texttafeln ausgestattet, sondern auch mit zahlreichen Skulpturen versehen. Darüber hinaus bietet auch der insgesamt 36 Kilometer lange Staudenmeditationsweg eine gute Gelegenheit, Körper und Geist wieder ins Gleichgewicht zu bringen.

Besinnungsweg Mittelneufnach

Papkü-Süppchen

eine Köstlichkeit im Herbst

Für 4 Portionen:

Öl zum Braten
1 Zwiebel
2 Knoblauchzehen
1 MSP Muskat
1 l Brühe (S.159)
400 g Kürbis
1 rote Paprika
1 Kartoffel
100 ml Sahne
50 g kalte Butter
Salz, Pfeffer

Öl in einem Topf erhitzen und die fein gehackten Zwiebeln glasig dünsten. Klein geschnittenen Knoblauch und Muskat unter ständigem Rühren dazugeben und kurz anrösten. Mit Gemüsebrühe ablöschen und zum Kochen bringen.
Zwischenzeitlich Kürbis aufschneiden und ggf. schälen (beim Hokkaido nicht notwendig), grob würfeln und in die Brühe geben.
Paprika vierteln, mit einem Schäler von der Haut befreien und klein schneiden. Mit der geschälten und gewürfelten Kartoffel zur Brühe geben. Zugedeckt bei mittlerer Hitze ca. 15-20 Minuten weich köcheln lassen.
Die Sahne zugeben und fein pürieren. Zum Schluss die kalte Butter hineinmischen und nochmals kurz erhitzen. Mit Salz und Pfeffer abschmecken.

DA MUASCH NO!
Vor einigen Jahren wurde ein Wanderweg mit 20 Stationen, welche mit Texttafeln und Skulpturen gestaltet sind, durch die Mittelneufnacher Flur angelegt. Der Weg stellt einen Beitrag zum Erhalt der Kulturlandschaft dar und lädt den Wanderer zum Nachdenken ein. Daher trägt er auch seinen Namen: Besinnungsweg. Die Strecke ist in zwei Abschnitte mit je ca. 2,5 Stunden Gehzeit eingeteilt:
"Weg der Gemeinschaft" und
"Mein persönlicher Weg".

Kräuterbrot

mit Herbstsalat

Für 16 Stück:

2 Handvoll frische Kräuter
400 g Mehl
1 Pck. Backpulver
1½ TL Salz
90 g Butter
¼ l Milch
200 g Feldsalat
1 Birne
100 g Käse Feta-Art
1 Handvoll Walnüsse

Kräuter klein schneiden. Mehl und Backpulver gut mischen, mit Salz und der Hälfte der Kräuter in einer Schüssel vermengen.
60 g Butter schmelzen, mit Milch zum Mehl zugeben und zu einem Teig verkneten. Teig in 16 Stücke teilen. Daraus längliche Zungen ausrollen.
Backofen auf 180°C vorheizen (Ober-/Unterhitze). Restliche Butter schmelzen und mit den übrigen Kräutern vermischen. Damit die Teigstücke bepinseln. Zu Stangen einrollen und spiralförmig eindrehen. Ca. 18 Minuten backen.
Feldsalat verlesen, putzen und waschen. Für das Dressing (Zutaten siehe unten) Honig und Senf mit Essig glatt rühren. Öl zufügen und verquirlen. Mit Salz und Pfeffer abschmecken. Das Dressing mit klein geschnittener Birne, Feta-Art und geknackten Walnusskernen unter den Salat mischen.

Hasch des scho gwisst?

Die Kräuterzwirbel eignen sich auch gut als Beilage zu Gegrilltem. Die Zusammenstellung der Kräuter ist variabel, je nach Gusto gibt es unendlich viele Variationen.

Zutaten für das Dressing:
2 TL Honig, 2 TL Senf, 2 EL Essig, 6 EL Öl, 3 MSP Rosmarin sowie Salz und Peffer

Anhauser Tal

SCHWABENTELLER

mit Kässpätzla

Für 4 Portionen:

500 g Schweine-medallions oder Minutensteaks
ca. 100 g Mehl
5 EL Butterschmalz
500 g Champignons
200 ml Sahne
100 ml Wasser
Salz, Pfeffer

Das Schweinefleisch mit Salz und Pfeffer einreiben und in 3 EL Mehl wenden. Das Butterschmalz in einer Pfanne erhitzen und das Fleisch von beiden Seiten scharf anbraten. Die Champignons in mundgerechte Stücke zerkleinern und zugeben. Mit Sahne aufgießen und auf niedriger Temperatur köcheln lassen. Restliches Mehl mit Wasser glatt rühren und unter ständigem Rühren zugeben und kurz aufkochen. Mit Salz und Pfeffer abschmecken.

Tipp: Zusammen mit Kässpätzla (siehe Seite 91) und frischem Blattsalat servieren.

DA MUASCH NO!

Am Ortsende von Anhausen beginnt das Anhauser Tal. Eine Wanderung oder Radtour durch diese schöne, weitgehend unberührte Landschaft ist für Familien und Naturliebhaber empfehlenswert. Der Hauptweg folgt dem Anhauser Bach, aber es besteht die Möglichkeit links und rechts in die Wälder zu wandern/radeln. Am Anfang des Anhauser Tals befindet sich eine Gaststätte.

Reiber-Datschi

schmeckt nicht nur im Herbst

Für 4 Portionen:

1 Zwiebel
1 kg Kartoffeln, mehlig kochend
Öl zum Braten
Salz

Für die Reiber-Datschi: Zwiebel schälen und reiben, ebenso die Kartoffeln. Mit Salz würzen und alles gut vermengen. Falls die Kartoffeln viel Wasser ziehen, in einem Sieb abtropfen lassen.

Öl in einer Pfanne erhitzen, die Masse löffelweise in die heiße Pfanne geben, etwas flach drücken und von beiden Seiten goldbraun braten. Den ersten Datschi probieren und ggf. nachsalzen.

Für das Apfelmus: Äpfel waschen und achteln (schälen ist nicht notwendig) und in einen Topf geben. Gerade soviel Wasser zugeben, dass der Boden bedeckt ist. Aufkochen lassen, musig garen. Dann das Obst durch ein Sieb streichen oder mit einer flotten Lotte zermusen. Apfelmus nach Geschmack mit Honig süßen und mit Zimt oder Nelke nach Belieben würzen.

Hasch des scho gwisst?

Der südliche Teil des Naturparks Augsburg Westliche Wälder wird "Die Stauden" genannt. Die hügelige und abwechslungsreiche Landschaft war schon vor Jahrhunderten für die Obstversorgung der Region wichtig. So entstanden wertvolle, landschaftsprägende Streuobstwiesen, für deren Pflege und Nutzung sich die Interessengemeinschaft Streuobstwiese Stauden e.V. einsetzt. Die Mitglieder arbeiten ehrenamtlich und stellen Apfelsaft aus der Region für die Region her. Er wird unter dem Namen Staudensaft vermarktet.

Zwetschga-Crumble

ein köstliches Eisdessert, wenn die Nächte länger werden

See bei Walkertshofen

Für 4 Portionen:

10 EL Honig
90 ml Wasser
3 Eier
225 ml Sahne
500 g Zwetschgen
1 TL Zimt
50 g Walnüsse, ganz
50 g Walnüsse, gemahlen
50 g Butter

Für das Eis 5 EL Honig mit Wasser unter Rühren erwärmen. Vom Herd nehmen und abkühlen lassen. Eier trennen. Eigelb verrühren und mit der Sahne unter die Honig-Wasser-Mischung rühren. Eiweiß steif schlagen und unter die Eigelb-Sahne-Mischung heben. Mindestens 4 Stunden gefrieren lassen. In den ersten beiden Stunden alle 30 Minuten umrühren, damit sich keine Eiskristalle bilden.
Auflaufform einfetten. Zwetschgen entsteinen, vierteln und in der Form verteilen. Zimt darüberstreuen und mit 2 EL Honig beträufeln. Backofen auf 200°C (Ober-/Unterhitze) vorheizen. Für die Streusel die Walnüsse grob hacken und mit den gemahlenen Walnüssen sowie 3 EL Honig mischen. Geschmolzene Butter zufügen und mit einer Gabel zu Streuseln verrühren. Diese über den Zwetschgen verteilen und für ca. 15 Minuten (mittlere Schiene) backen. Zwetschga-Crumble lauwarm mit einer Kugel Eis servieren.

Hasch des scho gwisst?

Das Wahrzeichen von Walkertshofen ist die Katholische Pfarrkirche St. Alban aus dem 17. Jahrhundert, die mit ihrem spätgotischen, unverputztem Backsteinturm beeindruckt. Der Kirche gegenüber prägt der Burgberg als Bodendenkmal mit seinem uralten Buchenbestand in jahreszeitlich wechselndem Kleid das Erscheinungsbild des Dorfes. Der Sage nach gab es hier eine hölzerne Raubritterburg, von der nur noch der Burggraben zu sehen ist.

Nicht verpassen! Da muasch no!

September
Herbstmarkt in Diedorf (3. Sonntag)
Neusäßer Volksfest (Mitte Sept)

Ende September bis Anfang Oktober
zwei Wochen lang Diedorfer Kulturtage (alle zwei Jahre)

Bereits seit 1991 finden alle zwei Jahre Ende September bzw. Anfang Oktober die Diedorfer Kulturtage statt. Damit zählte der Markt Diedorf zu Beginn der 1990er-Jahre zu den ersten Kommunen im Landkreis Augsburg, die mit einer derartigen Veranstaltungsreihe regionale Künstler aller Sparten in den Fokus des öffentlichen Interesses rückten. Inzwischen haben sich die Diedorfer Kulturtage zu einer festen Institution entwickelt, in deren Rahmen Kulturschaffende ihre Besucher mit einer breiten Veranstaltungspalette immer wieder aufs Neue begeistern, wie z. B. die oben abgebildete Band Stainless Brass.

Deuringen

Zwiebelkuchen

nach Nordschwaben-Art

Für 1 Form (ø 28 cm):

Hefeteig (S.161)
750 g Zwiebel
70 g Räucherspeck
1 EL Butter + für die Form
1 Becher Sauerrahm
2 Eier
Kümmel
½ Bd. Schnittlauch
Salz, Pfeffer

Hefeteig zubereiten. Während der Teig geht, Zwiebeln in dünne Ringe, Speck in Stückchen schneiden. Zwiebeln, zusammen mit dem Speck, in Butter glasig andünsten und abkühlen lassen.
Sauerrahm und Eier mit Kümmel, Salz und Pfeffer verquirlen. Schnittlauch klein schneiden, ein wenig für die Garnitur beiseite stellen.
Schnittlauch, Speck und Zwiebeln mit der Rahmmasse vermischen. Backofen auf 200°C (Ober-/Unterhitze) vorheizen.
Teig auswellen und in die gefettete Form legen. Zwiebel-Rahmmasse auf dem Boden verteilen. Für ca. 30 Minuten backen. Mit dem restlichen Schnittlauch bestreuen und servieren.

Tipp: Schmeckt auch kalt als kleiner Snack.

Hasch des scho gwisst?
Deuringen liegt am Rande der westlichen Wälder und gehört zur Gemeinde Stadtbergen. Im Zentrum des Ortes befinden sich am Dorfplatz die St.-Josephs-Kapelle und die katholische Kirche St. Gabriel.

Schweinefilet mit Äpfeln

Lieblingsrezept von Landrat Martin Sailer

Landrat Martin Sailer

Für 4 Portionen:

500 g Schweinefilet
Öl zum Braten
3 kleine Äpfel
250 g Sahne
1 EL Tomaten-Relish
(S. 160)
2 TL Curry, mild
1 EL Mehl
½ Bd. Koriander
100 g Käse, gerieben
Salz, Pfeffer

Schweinefilet waschen, trocken tupfen und in ca. 2 cm dicke Scheiben schneiden. Salzen und pfeffern. In einer Pfanne in heißem Öl ca. 1 Minute pro Seite anbraten. Beiseite stellen.
Äpfel waschen, schälen und in dünne Spalten schneiden.
Sahne, Tomaten-Relish, Curry und Mehl verrühren. Koriander waschen, trocken schleudern und fein hacken. Die Hälfte in die Sauce einrühren. Mit Salz und Pfeffer abschmecken.
Fleisch im Wechsel mit den Apfelspalten in eine Auflaufform schichten. Sauce darüber gießen. Mit geriebenem Käse bestreuen. In den kalten Backofen setzen und bei 225°C (Ober-/Unterhitze) ca. 30-40 Minuten backen. Am Schluss mit Koriandergrün garnieren und servieren.

LANDRAT MARTIN SAILER

Seit 2008 ist Martin Sailer Landrat des Landkreises Augsburg. Sein Lieblingsplatz ist das Kloster Oberschönenfeld, ein Ort zum Kraft sammeln und auftanken. Martin Sailers Lebensmotto: Sich selbst nicht zu wichtig zu nehmen. Er reist gerne und doch ist ihm das Augsburger Land der schönste Fleck auf der Welt. Zuhause schwingt sowohl seine Frau als auch er den Kochlöffel, am liebsten zusammen, z. B. für Schweinefilet, Steaks und Gemüse. Und er liebt es zu grillen! Wenn der dreifache Vater an seine Kindheit zurückdenkt, war die Freude groß, wenn ein großer Topf mit Spaghetti und Bolognese Sauce auf dem Tisch stand.

Lech-Wertach-Tal

Nicht verpassen!

Da muasch no!

September

Markttreiben in Langerringen (3. Sonntag)

Michaeli-Markt in Schwabmünchen (am Sonntag vor Michaeli (29.09.))

Wenn es draußen kälter wird und die Tage kürzer werden, lohnt sich ein Besuch in den Museen des Lech-Wertach-Tals ganz besonders. Die thematische Bandbreite der einzelnen Einrichtungen ist breit gefächert und reicht vom Schul-, Textil- und Hauswirtschaftsmuseum in Bobingen über das Museum und die Galerie der Stadt Schwabmünchen, dem Archäologischen Museum, dem Naturmuseum, dem Lechfeldmuseum und dem „955" Präsentationspavillion in Königsbrunn bis hin zum größten begehbaren Globus der Welt, dem Mercateum, ebenfalls in Königsbrunn, der bis Ende Oktober geöffnet ist.

Großaitingen

Kürbisaufstrich

mit Ziegenfrischkäse auf Bauernbrot

Für 4 Portionen:

400 g Kürbis
300 ml Apfelsaft
70 ml Apfelessig
30 g Zucker
1 rote Chilischote
2 Frühlingszwiebeln
8 Scheiben Bauernbrot
300 g Ziegenfrischkäse
1 Schale Kresse
Salz, Pfeffer

Kürbis schälen (beim Hokkaido nicht notwendig), Kerne entfernen und fein würfeln. Apfelsaft, Essig und Zucker aufkochen. 100 g der Kürbiswürfel darin garen, mit der Schaumkelle herausnehmen und beiseite stellen. Restliche Kürbiswürfel in den Sud geben und bei mittlerer Hitze 15 Minuten kochen, bis die Flüssigkeit fast verdampft ist. Anschließend Kürbis pürieren.

Zwischenzeitlich Kerne aus der Chilischote entfernen, sehr fein würfeln und mit den beiseite gestellten Kürbiswürfeln unter das Mus heben. Mit Salz und Pfeffer würzen, abkühlen lassen.

Die Frühlingszwiebeln schräg in Ringe schneiden. Brotscheiben mit Ziegenfrischkäse bestreichen, darauf den Kürbisaufstrich verteilen. Mit Frühlingszwiebeln und Kresse bestreut servieren.

HASCH DES SCHO GWISST?

Öl - bei uns? Ja, in Großaitigen wird Erdöl gefördert und das Erdgas abgefackelt.

Der Fernradweg "Wertach erleben", der vom Ursprung der Wertach bis zur Mündung in den Lech in Augsburg ausgeschildert ist, führt in Großaitingen an der neuen Fischtreppe vorbei, wo gemütliche Bänke zu einer Pause einladen.

Bratknedl

mit Kartoffelgmias

Für 4 Portionen:

500 g Kartoffeln
Semmelknedlteig (S. 164)
1 Zwiebel
100 g Butter
2-3 EL Mehl
½ l Brühe (S.159)
Petersilie
Salz, Pfeffer

Kartoffeln kochen, anschließend pellen und in Scheiben schneiden. Semmelknedlteig herstellen und Knedl formen. Backofen auf 180°C (Umluft) vorheizen. 60 g Butter in einer feuerfesten Form, z.B. gleich im Backofen, mitschmelzen. Dann die Knedl von allen Seiten mit der Butter benetzen und im Backofen etwa 20 Minuten knusprig backen, dabei von Zeit zu Zeit wenden.

Für das Kartoffelgmias die Zwiebel fein hacken und in 40 g heißer Butter andünsten. Mehl einstreuen und anschwitzen lassen (Einbrenne). Gemüsebrühe nach und nach zugießen. Mit Salz und Pfeffer abschmecken und für ca. 15 Minuten auf kleiner Flamme köcheln lassen. Kartoffeln und gehackte Petersilie zugeben und nochmals kurz aufkochen. Die Bratknedl auf dem Kartoffelgemüse anrichten und servieren.

Drzua basst:

Zu dieser vielleicht ungewöhnlichen, aber sehr schmackhaften Kombination aus Semmelknedln und Kartoffeln passt gut ein Tomaten- oder Blattsalat.

Wer ohne Fleisch nicht kann - das Braumeisterschnitzel (siehe Seite 34) schmeckt gut dazu.

Singoldis

Sellerieschnitzel mit Walnusskruste

Wehringen

Für 4 Portionen:

800 g Sellerieknolle
2 Eier
30 g Walnüsse, gehackt
30 g Walnüsse, gemahlen
40 g Semmelbrösel
Öl
Salz, Pfeffer

Sellerie waschen, schälen, in 1 cm dicke Scheiben schneiden und in Salzwasser bissfest garen. Die Scheiben mit kaltem Wasser abschrecken und abkühlen lassen.

Die Eier in einem flachen Teller gut verquirlen. Walnüsse sowie die Semmelbrösel in einem anderen flachen Teller vermischen. Die Selleriescheiben mit Salz und Pfeffer nach Belieben würzen. Scheiben zuerst in Ei und danach in der Walnuss-Semmelbrösel-Mischung wenden.

Das Öl in der Pfanne erhitzen und die Selleriescheiben darin bei mittlerer Hitze von beiden Seiten ca. 3 Minuten goldbraun braten.

DA MUASCH NO!

Barfußpfad und Wassertretanlage laden in Wehringen dazu ein, seine Aufmerksamkeit auf die Füße und das Gefühl natürlicher Materialien zu lenken.

Im nahegelegenen Wehringer Hochwald finden sich zahlreiche sogenannte "Pingen" - Abbauschächte aus dem früh- und hochmittelalterlichem Erzabbau mit einer Tiefe von bis ca. 12 Metern.

Apfelkiachla

im Bierteig

Für ca. 24 Stück:

200 g Mehl
Salz
250 ml dunkles Bier
2 Eier
2 TL Öl
6 gr. Äpfel, säuerlich
3 EL Zucker
Butterschmalz zum Ausbacken
Puderzucker

Mehl sieben, mit 1 Prise Salz mischen und mit Bier zu einem dickflüssigen Teig rühren. Eier aufschlagen und trennen. Eiweiß steif schlagen. Eigelb und Öl unterrühren, Eischnee unterziehen.

Äpfel schälen, Kernhaus ausstechen und in ca. 1 cm dicke Scheiben schneiden. Mit Zucker bestreuen, kurz ziehen lassen. Butterschmalz in einem Topf erhitzen. Apfelscheiben einzeln im Teig wenden und schwimmend im heißen Fett ca. 3-4 Minuten goldbraun backen. Zwischendurch einmal wenden. Auf Küchenpapier abtropfen lassen. Mit Puderzucker bestreut servieren.

Hasch des scho gwisst?

So lagert man Äpfel richtig:
Immer getrennt von anderem Obst lagern. Niemals warme Äpfel einlagern. Frostfrei, aber so kühl wie möglich lagern, z.B. in der Garage oder im ungeheizten Keller. Äpfel mit Stiel nach oben legen. Wenn möglich ohne Berührung zwischen den Früchten. Das Obst wöchentlich kontrollieren und evtl. angeschimmelte entsorgen.

Oirhaber

Kaiserschmarrn mit Zwetschgen-Birnen-Kompott

Untermeitingen

Für 4 Portionen:

300 g Mehl
500 ml Milch
2 EL Honig
5 Eier
Öl zum Ausbacken
250 g Zwetschgen
250 g Birnen
100 ml Apfelsaft
50 g Walnüsse
Zimt, Zucker
150 g Sahne

Aus Mehl, Milch und Honig einen dicken Teig anrühren. Die Eier trennen, das Eigelb zum Teig mischen und das Eiweiß zu Eischnee schlagen. Den Teig ca. 15 Minuten ruhen lassen, dann den Eischnee vorsichtig unter den Teig heben.
Öl in einer Pfanne erhitzen und einen dicken Pfannkuchen backen. Unterseite anbräunen lassen, dann wenden und andere Seite ebenfalls anbräunen. Den Pfannkuchen mit zwei Gabeln oder Pfannenwendern in kleinere Stücke zerreißen und nochmals in der Pfanne schwenken. Ebenso mit dem weiteren Teig verfahren. Den fertigen Oirhaber bis zum Servieren im Ofen warm stellen.
Zwetschgen und Birnen klein schneiden und in Apfelsaft mit Zimt weich dünsten. Zucker in einem Topf karamellisieren und Walnüsse darin schwenken. Mit dem Oirhaber und geschlagener Sahne servieren.

DA MUASCH NO?

Das Museum "Militärgeschichtliche Sammlung Lechfeld" ist in einem früheren, von pensionierten Bundeswehrsoldaten umgebauten Gästehaus untergebracht. Die umfangreiche Sammlung will der Öffentlichkeit die Details der Geschichte des Lechfelds und die allgemein-geschichtlichen Hintergründe näher bringen. Weitere Informationen unter www.mgs-lechfeld.de

WINTER

Auch im Winter ist im Augsburger Land viel geboten: Während im Advent die Gemeinden mit Lichterketten geschmückt sind und man sich bei Glühwein und Plätzchen der Weihnachtszeit erfreut, ist gleich danach der Winteraustrieb, der Fasching, die wichtige 5. Jahreszeit im Landkreis angesagt. Kaum ein Dorf, das nicht mindestens einen Ball veranstaltet oder sogar zu einem Umzug einlädt.

LECH-SCHMUTTER-TAL

NICHT VERPASSEN!

DA MUASCH NO!

WEIHNACHTSMÄRKTE

Dorfweihnacht Gablingen (1. Advents-WE)

Biberbacher Weihnachtsmarkt (2. Advent)

Engerlmarkt in Thierhaupten (1.+2. Advents-WE)

Weihnachtsmarkt am Markt- und Rathausplatz in Meitingen (Samstag, der dem 6. Dez. am nächsten ist)

Advents- und Handwerkermarkt im Kloster Holzen (3.+4. Advents-WE)

FASCHINGSUMZÜGE

Faschingssonntag: Gersthofen

Faschingsdienstag: Ehingen/Ortlfingen (Ehlfinger)

Faschingsdienstag: Gablingen

Zur Weihnachtszeit verwandeln sich die beiden Klöster des Lech-Schmutter-Tals in Holzen und Thierhaupten regelmäßig in stimmungsvolle Weihnachtsmärkte. Während in Thierhaupten der Engerlmarkt meistens von einer durch den Freundeskreis des Klosters Thierhaupten konzipierten weihnachtlichen Sonderausstellung und dem sogenannten Engerlgruß aus den Fenstern des Klausurgebäudes begleitet wird, kommen die Besucher in Holzen zusätzlich in den Genuss von Kirchenkonzerten in der Klosterkirche. Beide Weihnachtsmärkte vermitteln eine ruhige und festliche Atmosphäre, die die zahlreichen Besucher – natürlich auch mit kulinarischen Gaumenfreuden – auf das bevorstehende Weihnachtsfest einstimmt.

Brätstrudlsupp

ein Festmahl, auch an Werktagen

Klosterkirche in Holzen

Für 4 Portionen:

Pfannkuchenteig (S. 162)
etwas Petersilie
250 g Brät
1 Ei
etwas Milch
1 EL Semmelbrösel
1 EL Mehl
1 l Brühe (S. 159)
Muskat
Salz, Pfeffer

Pfannkuchenteig zubereiten, für die Brätstrudelstücke 4-5 Pfannkuchen ausbacken.
Petersilie klein hacken. Das Brät mit dem Ei, Milch, Semmelbrösel und Mehl zu einem glatten, streichfähigen Teig verrühren, Petersilie dazugeben und mit Muskat, Salz und Pfeffer abschmecken.
Die Pfannkuchen mit der Brätmasse bestreichen, aufrollen und in 4-5 cm lange Stücke schneiden. Brühe aufkochen lassen und die Brätstrudelstücke in der Brühe für 15 Minuten ziehen lassen. Sie sollten nicht kochen.

Tipp: Wer sicher gehen will, dass sich die Strudel nicht aufrollen, brät die Stückchen in der Pfanne vorher von beiden Seiten an und gibt sie dann in die Brühe. Dann die Stückchen nur halb so groß schneiden.

HASCH DES SCHO GWISST?

Weithin sichtbar thronen die Doppelkirchtürme des ehemaligen Benediktinerklosters über dem Schmutter- und Lechtal. Ein Besuch der Klosterkirche in Holzen mit ihrer Barockausstattung und beim "Göttlichen Kind" ist empfehlenswert. Versteckt und für viele unbekannt befindet sich auf der südöstlichen Seite unterhalb der Kirche eine Mariengrotte. Seit der Renovierung des Klosters stehen die historische Klosterbibliothek und der Salzburger Saal für standesamtliche Trauungen zur Verfügung.

Schwarzwurzlnudla

mit Spinat und Kürbis

Für 4 Portionen:

400 g Kürbis
400 g Schwarzwurzeln
200 ml Sahne
1 EL Würzl (S.159)
1 Zweig Rosmarin
1 Zweig Thymian
500 g Nudeln
1 EL Butter
250 g Blattspinat
Salz, Pfeffer

Kürbis und Schwarzwurzeln schälen und in ca. 1 cm große Würfel schneiden. Sahne mit Würzl aufkochen und je 200 g Kürbis und Schwarzwurzeln darin weich kochen. Mit Salz, Pfeffer würzen und mit dem Pürierstab pürieren. Rosmarin und Thymian zugeben und auf kleiner Flamme weiterköcheln lassen.

Nudeln in Salzwasser bissfest kochen. Parallel dazu Butter in einer Pfanne schmelzen und die restlichen Kürbis- und Schwarzwurzelwürfel darin anbraten. Mit Salz und Pfeffer würzen. Nach ca. 3-5 Minuten mit etwas Wasser ablöschen und Spinat zugeben. Aus dem Schwarzwurzel-Kürbis-Schmorfond die Kräuterzweige entfernen, das Gemüse hinzufügen und abschmecken. Zusammen mit den Nudeln servieren.

Tipp: Zum Schälen der Schwarzwurzeln am besten Handschuhe tragen oder unter fließendem Wasser schälen.

So gats au:

Für den veganen Genuss statt Butter Öl verwenden und die Sahne durch 50 ml Öl und 150 g mehr Gemüse ersetzen.

Gewürzsäckchen für das Hirschragout:
4 Lorbeerblätter
1 EL Wacholderbeeren
1 TL Senfsaat
1 TL Koriandersamen
½ TL Gewürznelken
½ TL Piment

Hirschragout

mit Sauerkirschen

Go West in Westendorf

Für 4 Portionen:

1 kg Hirschgulasch
150 ml Rotwein
350 g eingelegte Sauerkirschen, mit Saft
½ TL Zucker
250 ml Brühe (S. 159)
200 ml Sahne
8-10 Salbeiblätter
Öl zum Braten
Salz, bunter Pfeffer

Geschnittenes Hirschgulasch in einer Schüssel mit Rotwein und Sauerkirschsaft aufgießen. Über Nacht ziehen lassen.
Fleisch aus der Beize nehmen und in einem Sieb abtropfen lassen. Beize in einem Gefäß auffangen. Fleisch trocken tupfen und in einer heißen Pfanne mit Öl ca. 5 Minuten kräftig anbraten. Dabei regelmäßig wenden.
Gewürzsäckchen (siehe linke Seite) und Zucker hinzugeben, mit Brühe und Beize aufgießen. Ca. 1 Stunde bei mittlerer Hitze und geschlossenem Deckel schmoren lassen.

Am Schluss die Sauerkirschen hinzufügen, Sahne aufgießen und mit Salz und Pfeffer abschmecken. Salbeiblätter waschen, trocken schütteln, fein schneiden und garnieren.

HASCH DES SCHO GWISST?

Ein Originalteil der Berliner Mauer ist in Westendorf zu besichtigen. Hinweistafeln erläutern einen Teil der deutsch-deutschen Geschichte. Für einen eindrucksvollen, erholsamen Spaziergang bieten sich die Westendorfer Fluren an. Seinen Rundweg kann man entlang des Hüttenbachs oder der Schmutter beginnen. In der Mitte trifft man auf die beliebte Kneippanlage, bei der man im Sommer gleich was für seine Gesundheit tun kann. Handtuch nicht vergessen!

Rote Bete Knedl

mit winterlichem Schmorgmias

Für 4 Portionen:

600 g Rote Bete
200 ml Milch
250 g Knedlbrot
5 Eier
2 Schalotten
1 Knoblauchzehe
2 EL Butter
100 g Semmelbrösel
ggf. Mehl
Meerrettich, frisch
Salz, Pfeffer

Rote Bete in ca. 20 Minuten weich garen. Zwischenzeitlich Milch erwärmen und Knedlbrot übergießen, kurz ziehen lassen. Eier zugeben. Schalotten und Knoblauch abziehen und fein hacken. In Butter glasig dünsten und anschließend zur Knedlmasse geben. Semmelbrösel zugeben und vermengen.
Rote Bete abkühlen lassen, schälen, grob in Würfel schneiden und pürieren. Rote-Bete-Püree unter die Knedlteigmasse untermischen, mit Salz und Pfeffer kräftig abschmecken und bei Bedarf mit etwas Mehl binden. Teig ca. 20 Minuten ziehen lassen.
In der Zwischenzeit das Schmorgemüse (siehe unten) vorbereiten.
Mit nassen Händen kleine Knedl formen und in siedendem Salzwasser 8-10 Minuten ziehen lassen.
Knedl auf dem Schmorgmias anrichten und mit frisch geriebenem Meerrettich servieren.

Schmorgmias

Zutaten: 4 Karotten, 2 Pastinaken, 2 Petersilienwurzeln, 1 Knoblauchzehe, 1 Zweig Rosmarin und 1 EL Butter
Gemüse waschen, schälen und in dünne Scheiben schneiden. Knoblauch und Rosmarin fein hacken. Alles zusammen in Butter ca. 6-8 Minuten schmoren.

Krautfleck

gar koi Heck-Meck

Klostermühlenmuseum Thierhaupten

Für 4 Portionen:

300 g breite Bandnudeln
1 weiße Zwiebel
80 g Geräuchertes
1 EL Zucker
50 g Butter
500 g Sauerkraut
etwas Wasser oder Brühe (S.159)
etwas Petersilie
Salz, Pfeffer

Nudeln in kochendem Salzwasser zubereiten. Durch ein Sieb schütten und gut abtropfen lassen.

Zwiebel fein schneiden. Geräuchertes in dünne Scheiben schneiden. Eine Pfanne erhitzen, Zucker unter Rühren schmelzen und leicht anbräunen lassen. Butter und Zwiebel zufügen, Zwiebeln glasig dünsten. Dann Geräuchertes und Sauerkraut mitbraten. Bei Bedarf etwas Wasser oder Brühe angießen, das Kraut sollte leicht feucht sein. Kräftig durchbraten.

Nudeln untermischen und mit Salz und Pfeffer abschmecken. Mit klein geschnittener Petersilie bestreuen.

DA MUASCH NO!

Der Markt Thierhaupten hat für Besucher viel zu bieten. Im Klostermühlenmuseum erfährt man alles über das Müllerhandwerk und im Heimat- und Trachtenmuseum wird das Wohnen und Leben in früherer Zeit in einem original erhaltenen 300 Jahre alten Bauernhaus gezeigt. Das Kloster nutzen heute verschiedene Organisationen, Einrichtungen und einige Ortsvereine. Auf verschiedenen Rundwanderwegen gelangt man z.B. nach Maria-im-Elend oder zu den Auerochsen.

Pastinaken-Sellerie-Auflauf

mit knusprigen Meerrettich-Semmelwürfeln

Für 4 Portionen:

750 g Pastinaken
250 g Sellerieknolle
400 g Sahne
2-3 Knoblauchzehen
3 Zweige Thymian
1 Semmel, Vortag
Meerrettich, frisch
Öl zum Braten
Salz, Pfeffer

Pastinaken und Sellerie schälen und in dünne Scheiben bzw. Stücke schneiden. In kochendem Salzwasser 5 Minuten blanchieren. Abtropfen lassen. Gemüse in eine Auflaufform legen.
Backofen auf 170°C (Ober-/Unterhitze) vorheizen. Knoblauch durch eine Knoblauchpresse pressen oder sehr fein schneiden. Mit der Sahne mischen, kräftig mit Salz und Pfeffer abschmecken und Thymianblättchen untermischen. Die Mischung über dem Gemüse verteilen. Für 35-40 Minuten backen.
Kurz vor Backende: Die Semmel in Würfel schneiden. Den Meerrettich fein reiben, Menge nach Belieben. Die Würfel in heißem Öl knusprig braten, mit dem Meerrettich, Salz und Pfeffer würzen. Sogleich über dem Auflauf verteilen und servieren.
Tipp: Das Kochwasser vom Blanchieren kann z.B. für die Zubereitung einer Suppe Verwendung finden.

So gats au:

Wer noch nicht mit Pastinaken gekocht hat, kann zum Probieren einen Teil der Pastinaken durch Karotten ersetzen.
Pastinaken werden leicht mit der Wurzelpetersilie verwechselt. Wurzelpetersilie schmeckt intensiver und kann besser gelagert werden.

Luftbild bei Gablingen

Faschingskiachla

oder au Auszogene gnannt

Für 12 Stück:

250 ml Milch
500 g Mehl
20 g frische Hefe
50 g Zucker
1 Prise Salz
2 Eier
50 g Butter
Öl zum Frittieren
Puderzucker/Zucker zum Bestreuen

Hefe zerbröckeln und in lauwarmer Milch auflösen. Mehl in eine Schüssel geben, in die Mitte eine Mulde drücken. Hefemilch in die Mulde gießen mit etwas Mehl verrühren und ca. 5 Minuten gehen lassen. Zucker, Salz, Eier und zerlassene Butter zugeben und alles kräftig durchkneten.

Aus dem Hefeteig 12 Kugeln formen, diese auf eine bemehlte Fläche setzen, leicht mit Öl bestreichen und zugedeckt ca. 10 Minuten gehen lassen.

Öl in einem breiten Topf erhitzen. Hefekugeln zwischen den Händen locker auseinanderziehen, sodass in der Mitte ein dünnes Fenster entsteht. Portionsweise in das heiße Öl gleiten lassen und goldbraun backen, dabei einmal vorsichtig wenden. Auf Küchenpapier abtropfen lassen.

Mit Puderzucker oder Zucker bestäuben und lauwarm servieren.

Hasch des scho gwisst?

Für Fans von regionalen Produkten lohnt sich eine Fahrt nach Gablingen, denn dort gibt es eine Vielzahl an Direktvermarktern.

Weitere Adressen von regionalen Anbietern im Landkreis ab Seite 166 sowie auf den Seiten:

www.einkaufen-auf-dem-bauernhof.com
www.regionales-bayern.de

Holzwinkel

Nicht verpassen!

Da muasch no!

<u>Weihnachtsmärkte</u>

Adventsbasar in Emersacker, Adelsried und Lauterbrunn (1. Advents-WE)
Christbaumfeier in Kruichen (1. Advents-WE)
Adventsmarkt in Altenmünster (2. Advents-WE)
Weihnachtsmarkt in Welden (2. Advents-WE)
Advent am Backhaus Heretsried (2. Advents-WE)
Nikolausfeier in Baiershofen (WE vor Nikolaus)
Weihnachtsmarkt Adelsried (2. oder 3. Dez-WE)

<u>Faschingsumzüge</u>

Faschingssamstag: Welden

Bei Ludwig Ganghofer handelt es sich wohl um den berühmtesten Bewohner der Holzwinkelgemeinde Welden. 1855 in Kaufbeuren geboren, kam er im Winter 1859 nach Welden, wo sein Vater bis 1873 das Forstrevier leitete. Ludwig verlebte bis zu seinem Eintritt in ein Internat eine unbeschwerte Kindheit und anschließend sorglose Ferientage im Holzwinkel. Seine Leidenschaft war das Schreiben und Dichten. Er avancierte schnell zu einem der meistgelesenen Schriftsteller der wilhelminischen Ära. In seinem mehrteiligen, 1909 erschienenen, autobiographischen Roman beschreibt Ganghofer im ersten Band, dem „Buch der Kindheit“, auf unterhaltsame Weise seine Erinnerungen an die Zeit in Welden.

GRIASSKNEDLSUPP

der Klassiker für Vorneweg

Ludwig Ganghofer-Museum

Für 4 Portionen:

1,5 l Brühe (S.159)
2 Eier
2 TL Öl
½ TL Salz
8 EL Grieß
1 Karotte
etwas Petersilie
Salz, Pfeffer

Die Gemüsebrühe erhitzen.
In der Zwischenzeit die Eier in einer kleiner Schüssel mit Öl und Salz verquirlen. Sobald die Brühe kocht, den Grieß zu den Eiern hinzufügen und zu einem glatten Teig verrühren. Sogleich teelöffelgroße Knedl nach und nach in die Brühe einlegen und 20-25 Minuten ziehen lassen. Die gehen stark auf, daher lieber einen größeren Topf und etwas mehr Brühe verwenden. Karotten in feine Streifen schneiden und ca. 5 Minuten mitkochen lassen.
Die Grießknedl mit klein geschnittener Petersilie und frisch gemahlenem Pfeffer bestreuen und servieren.

HASCH DES SCHO GWISST?

Auf dem 3,5 km langen Ludwig-Ganghofer-Lausbubenweg im Ganghoferwald bei Welden können die Wanderer die Streiche und Abenteuer des jungen Ludwig, die er in seinem Buch beschreibt, an Mitmach-Stationen nacherleben. Der Weg ist kinderwagentauglich und für Familien geeignet.

WIRSING-PICHELSTEINER

mit lila Karotten und nicht gerührt

Für 4 Portionen:

1 Wirsing, mittelgr.
1 kg Kartoffeln, festkochend
1 kg Karotten, lila
2 Bd. Petersilie
750 g Rindfleisch (Brust/Hochrippe)
1 EL Öl
¾ l Brühe (S. 159)
Salz, Pfeffer

Wirsing putzen, Strunk rausschneiden und Blätter vorsichtig ablösen. Blätter waschen und trocken tupfen. Kartoffeln und Karotten (z.B. Sorte „Purple Haze") schälen und jeweils in Scheiben schneiden. Petersilie waschen, trocken schleudern und fein hacken. Fleisch in ca. 2 x 2 cm große Würfel schneiden.

In einen Topf das Öl geben, dann den Boden mit Wirsingblättern belegen. Kartoffeln, Fleisch und Karotten lageweise darauf schichten und jede Lage mit Salz, Pfeffer und Petersilie würzen. Brühe seitlich angießen. Eintopf mit Wirsingblättern bedecken und zugedeckt bei mittlerer Hitze ca. 75 Minuten köcheln lassen. Dabei nicht umrühren. Mit Petersilie bestreut servieren.

Hasch des scho gwisst?

Mit Pichelsteiner bezeichnet man ein Eintopfgericht, das aus verschiedenen Fleisch- und Gemüsesorten besteht. Sollten Sie in Ihrem Kühlschrank verschiedene Gemüsereste finden, so lassen sich diese wunderbar in einem Pichelsteiner aufbrauchen.

Winterlandschaft Gemeinde Altenmünster

Fischermahl

Fischkiachla mit Sellerie-Kartoffelkruste

Für 4 Portionen:
800 g Kartoffeln, mehlig kochend
1 kl. Knollensellerie
500 ml Milch
2 EL Butter
100 ml Sahne
2 MSP Muskat
500 g Räucherforellenfilets
3-4 Lauchzwiebeln
1 EL Mehl
Salz, Pfeffer

Kartoffeln und Sellerie waschen, schälen und in gleich große Würfel schneiden. Ca. 20 Minuten in Salzwasser weich kochen, abgießen und stampfen. 100 ml Milch, 1 EL Butter, Sahne und Muskat unterheben. Mit Salz und Pfeffer abschmecken.
In der Zwischenzeit Filets grob würfeln. Zwiebeln putzen, waschen und in feine Ringe schneiden. Beides beiseite stellen.
1 EL Butter in einem Topf zerlassen, Mehl darin anschwitzen. Restliche Milch nach und nach zugeben und zu einer glatten Soße verrühren. 2 Minuten leicht köcheln lassen. Abschmecken.
Backofen auf 190°C (Ober-/Unterhitze) vorheizen. Fisch und Zwiebeln unter die Soße mischen. Fischmasse portionsweise in kleine Formen oder in einer Auflaufform verteilen und jeweils mit dem Kartoffel-Sellerie-Püree bedecken. Auf mittlerer Schiene 30-40 Minuten backen.

HASCH DES SCHO GWISST?
Seit seiner Renovierung durch einen Privatmann erstrahlt der alte Pfarr-hof in Altenmünster wieder in neuem Glanz. Am Tag des offenen Denkmals konnte er besichtigt werden. Auch das Bräustüble, einzig erhaltenes Gebäude der früheren Altenmünsterer Brauerei, glänzt wieder neu und lädt im Sommer die Radler auf dem "Bayernnetz für Radler" zum Verweilen im gemütlichen Biergarten ein.

Kartoffel-Gulasch

oifach guad

Für 4 Portionen:

1,2 kg Kartoffeln
350 g Lyoner
1 kleine Zwiebel
3 EL Öl
500 ml Wasser
3 EL Paprikapulver, edelsüß
etwas Petersilie
Salz, Pfeffer

Die Kartoffeln schälen und würfeln. Die Lyoner in Würfel schneiden. Die Zwiebel klein schneiden und im Öl andünsten. Dann die Kartoffeln und Lyoner dazu geben, kurz anbraten und mit dem Wasser ablöschen.

Gulasch mit Paprika, Salz und Pfeffer würzen und köcheln lassen, bis die Kartoffeln weich sind.

Mit gehackter Petersilie garnieren und servieren.

Hasch des scho gwisst?

Im September 2014 wurde die erste ILE-Initiativ (integrierte ländliche Entwicklung) im Landkrei Augsburg gegründet. Der Verein stellt die Interessengemeinschaft der Gemeinden Adelsried Altenmünster, Bonstetten, Emersacker, Heretsrie und Welden dar und verfolgt in interkommunale Zusammenarbeit unterschiedliche Belange. Für de Regierungsbezirk Schwaben nimmt der Verein dami eine Vorreiterrolle ein. Das Entwicklungsforum verkörpert die erste gemeindeübergreifende Zusammenarbeit auf Basis einer Integrierten Ländliche Entwicklung, die im Rahmen der Umsetzungsbegleitung eine Koordinationsstelle einrichten konnte.

Heidesand

ein weihnachtlicher Gruß aus dem Norden

Ruhebänkle bei Lauterbrunn

Für 2 Bleche:

180 g Butter
180 g Zucker
1 EL Milch
3 Prisen Salz
5 MSP Rosmarin
250 g Mehl

Die Butter langsam in einem Topf erhitzen bis sie goldbraun ist. Die Butter in einer Schüssel abkühlen lassen. Dann Butter schaumig rühren, Zucker, Milch, Salz und Rosmarin (klein geschnitten oder gemörsert) nach und nach unterrühren. Zuletzt doppelt gesiebtes Mehl zügig unterkneten und zu einem glatten Teig verarbeiten.
Den Teig zu Rollen formen, die einen Durchmesser von etwa 2 ½ cm haben. Die Rollen in Butterbrotpapier (Folie geht auch) fest einrollen und kühlen.
Backofen auf 180°C (Ober-/Unterhitze) vorheizen. Zwei Backbleche mit Backpapier auslegen. Die mittlerweile hart gewordenen Rollen in etwa ½ cm dicke Scheiben schneiden, mit etwas Abstand zueinander auf das Backblech legen und für 5 Minuten backen.

Hasch des scho gwisst?

Nicht nur Anhänger von Winterwanderungen werden in Lauterbrunn, einem Ortsteil von Heretsried, fündig. Auch Freunde der Countrymusik und des Linedance finden in der Gemeinde Heretsried eine Anlaufstelle. Denn dort gibt es den Verein "Crazy Boot - Westwood Line Dancers e.V.", in dem fleißig Linedance getanzt wird.

Nicht verpassen!

Da muasch no!

Weihnachtsmärkte

Hobbykünstlermarkt Horgau (letzter So im Nov)

Christkindlmarkt Horgau (1. Advents-WE, alle 2 Jahre)

Christkindlmarkt Zusmarshausen (1. Advents-WE)

Faschingsumzüge

Faschingssonntag: Zusmarshausen

Alle 7 Jahre herrscht in der Zeit zwischen dem Sonntag nach dem Drei-Königs-Tag und dem Faschingsdienstag in der Marktgemeinde Dinkelscherben Ausnahmezustand, denn dann ist wieder Schäfflertanz. Bereits seit 1893 findet diese Tradition regelmäßig statt, an der sich alle ledigen Männer beteiligen können, die mindestens 18 Jahre alt sind, ihren Wohnsitz in Dinkelscherben haben und über einen guten Leumund verfügen. Getanzt wird an den Wochenenden bis zu 10x pro Tag, wobei jeder Bürger die Schäffler gegen ein kleines Entgelt zu sich nach Hause bestellen kann. Während der sogenannte Reifenschwinger den Auftraggeber am Ende des Tanzes hochleben lässt, nehmen die Clowns diesen zum Schluss auf die Schippe und sorgen damit regelmäßig für Stimmung unter den Zuschauern.

Rote Bete Chutney

fruchtig, würziger Genuss

Winterliches Zusmarshausen

Für ca. 1200 ml:

500 g Rote Bete
500 g Birnen od. Äpfel
1 EL Zitronensaft
2-3 rote Zwiebeln
2 Knoblauchzehen
180 g brauner Zucker
3 TL Meerrettich
Gewürze, siehe Tipp
200 ml Apfelessig
1 EL Öl
Salz, Pfeffer

Rote Bete fein würfeln. Obst schälen, in kleine Würfel schneiden, mit Zitronensaft beträufeln. Zwiebeln und Knoblauch klein schneiden. Mit Zucker mischen und erhitzen. Sobald der Zucker geschmolzen ist, Rote Bete, Obst, Meerrettich und Gewürze zugeben, salzen. Zum Kochen bringen, mit Essig ablöschen. Solange köcheln lassen, bis eine dicke Masse entstanden ist, immer wieder rühren. Mit Salz und Pfeffer abschmecken, Öl untermischen. Chutney in heiß ausgespülte Gläser füllen, fest verschließen und auf den Deckel gestellt auskühlen lassen.

Tipp: Das Chutney mit je ½ TL Kreuzkümmel, Koriander und Pfeffer sowie 3-4 Nelken würzen, am besten frisch in einem Mörser zerstoßen, und mitkochen lassen.

HASCH DES SCHO GWISST?
Zusmarshausen ist eine Hochburg des Faschings im Rothtal. Anfang Januar geht es mit den Inthronisationsbällen der hiesigen Faschingsgesellschaft "Zusamtaler Bettschoner" los und findet mit der Wohltätigkeitsveranstaltung und dem Faschingsumzug am Faschingswochenende seinen Höhepunkt.

Sauerbraten

schmeckt nicht nur an Festtagen

Für 6 Portionen:

½ l Essig und Wasser
2 Zwiebeln
2 Karotten
2 Lorbeerblätter
5 Nelken
20 Pfefferkörner
20 Senfkörner
1½ kg Rinderbraten
½ l dunkles Bier
6 Lebkuchen (Printen)
Öl, Salz, Pfeffer

Aus Essig, Wasser, klein geschnittenem Gemüse und Gewürzen einen Sud kochen und Fleisch darin kühl gelagert 2-3 Tage beizen.
Den Sauerbraten aus der Beize nehmen, abtrocknen und in einem großen Bräter in heißem Öl scharf von allen Seiten anbraten. Mit etwa ½ l der Beize ablöschen, ¼ l Bier aufgießen. 40-60 Minuten auf dem Herd schmoren lassen. Fleisch in Alufolie wickeln und bei 180°C (Umluft) in etwa 1 Stunde fertig garen.
Das restliche Bier in den Bräter geben und die Lebkuchen dazu bröseln. Gegebenenfalls nochmals mit Beize aufgießen. Auf kleiner Flamme 1 Stunde köcheln lassen, durch ein feines Sieb passieren und zusammen mit dem aufgeschnittenen Braten servieren.
Drzua bassa: Kartoffelknedl (S. 165) oder Spätzla (S. 162) und Blaukraut.

Hasch des scho gwisst?

Das Beizen, also das Einlegen von Fleisch in einen säurehaltigen Sud (z.B. Essig, Buttermilch oder Wein), ist typisch für den Sauerbraten. Meistens werden dem Sud Gemüse und Gewürze zugefügt, und er ist häufig Grundlage für die dazugehörige Sauce. Das Beizen verändert den Geschmack und macht die Speisen länger haltbar.

Horgau

Prinzregententorte

in leicht entschärfter Form

Für 1 Torte:

1 Pck. Schokopudding
½ l Milch
250 g Butter
1 Stamperl Rum
340 g Zucker
8 Eier
240 g Mehl
1 TL Backpulver
1 Paket Marzipan
250 g Zartbitter Kuvertüre

Pudding mit Milch und 100 g Zucker kochen. Eier mit 240 g Zucker schaumig schlagen. Gesiebtes Mehl und Backpulver mit dem Schneebesen vorsichtig unterheben. Tortenring (Ø 28 cm) auf ein Backblech mit Backpapier stellen und ca. 100 g Teig dünn verteilen, bei 175°C (Umluft) für 10-12 Minuten backen. Insgesamt sieben Böden herstellen. Pudding in der Küchenmaschine schaumig schlagen, Butter flöckchenweise zugeben. Ggf. Rum zugeben. Kühl stellen. Einen Boden mit Läuterzucker beträufeln, mit Schokocreme bestreichen. Mit den weiteren Böden ebenso verfahren. Auf den letzten Boden keine Schoko-Buttercreme streichen. Kühl stellen. Marzipan dünn ausrollen und über die Torte legen. Kuvertüre schmelzen und die Torte überziehen. Torte nach Belieben verzieren.
Läuterzucker: 100 g Zucker mit 100 g Wasser so lange kochen, bis die Flüssigkeit um die Hälfte reduziert ist. Abkühlen lassen.

HASCH DES SCHO GWISST?

Horgau ist seit Ende 2016 eine Fairtrade-Gemeinde. Das bedeutet, dass sich die Kommune zu fairem Handel bekennt und den Verkauf fair gehandelter Produkte fördert. So gibt es in Horgau beispielsweise einen fairen Bauernmarkt sowie einen Christkindlmarkt, wo auch faire Produkte, wie z. B. fair gehandelte Schokolade angeboten werden.

STAUDEN

NICHT VERPASSEN!

DA MUASCH NO!

WEIHNACHTSMÄRKTE

Glühweinfest in Kutzenhausen (1. Advents-WE)
Adventsmarkt in Mickhausen (1. Advents-WE)
Adventsmarkt in Gessertshausen (1. Advents-WE)
Nikolausfest in Münster (zu Nikolaus)
Christkindlmarkt in Fischach (3. Advents-WE)

FASCHINGSUMZÜGE

Faschingsdienstag: Gaudiwurm in Deubach

Seit mehr als dreißig Jahren ist in den ehemaligen Wirtschaftsgebäuden der Zisterzienserinnenabtei Oberschönenfeld das Schwäbische Volkskundemuseum untergebracht. Das Naturpark-Haus sowie das Bauernmuseum Staudenhaus runden das museale Angebot auf dem Gelände ab und machen Oberschönenfeld im Zusammenspiel mit der Abtei zu einem Anziehungspunkt für Besucher aus Nah und Fern. Ein besonderer Veranstaltungshöhepunkt im Jahreslauf ist der Oberschönenfelder Weihnachtsmarkt, der immer im Klosterhof stattfindet. Darüber hinaus geben Führungen durch die Klosterkirche ebenso wie hochkarätige Orgelkonzerte fernab von allem vorweihnachtlichen Trubel die Möglichkeit zur Einkehr.

Festtagssupp

Leberknedl- und Brätspätzlasupp

Herrgottsruhkapelle in Mickhausen

Für 4 Portionen:

2 Semmeln, Vortag
100 ml Milch
1 Bd. Petersilie
1 kleine Zwiebel
250 g Leber gemahlen
7 Eier, 1 EL Mehl
18 EL Semmelbrösel
250 g Brät, Butter
1,5 l Brühe (S. 159)
Schnittlauch, Majoran,
Muskat, Salz, Pfeffer

Semmeln in Scheiben schneiden und mit lauwarmer Milch übergießen. Petersilie klein hacken. Zwiebel klein schneiden und in Butter glasig dünsten, zum Schluss die Petersilie dazu geben. Leber, 2 Eier, Mehl, 10 EL Semmelbrösel und die Zwiebel zu den Semmeln geben und zu einem glatten Teig vermischen. Mit Majoran, Salz und Pfeffer kräftig würzen. Knedl formen, im kochenden Salzwasser 20 Minuten ziehen lassen.
Brät, 1 EL Butter und 5 Eier schaumig rühren, 8 EL Semmelbrösel unterrühren und mit Majoran, Muskat, Salz und Pfeffer würzen. Mit dem Spätzlehobel in kochendes Salzwasser hobeln und 10 Minuten köcheln lassen.
Knedl und Spätzle in der Brühe anrichten und mit Schnittlauchröllchen servieren.

Da muasch no

Für Menschen, die Ruhe suchen, sind die Herrgottsruh-Kapelle auf einer Anhöhe südöstlich von Mickhausen oder die Staudenkapelle in Grimoldsried, wo Wanderer oder Waldarbeiter sich auf Bänken ausruhen können, geeignete Plätze.
In der Hergottsruh-Kapelle findet jedes Jahr eine Waldweihnachtsfeier statt.

Gschwollene mit Kartoffelsalat

ein Klassiker an Heilig Abend

Für 4 Portionen:

½ Endiviensalat
1 Zwiebel
½ Bd. Schnittlauch
250 ml Brühe (S. 159)
2 EL Senf, mittelscharf
4 EL Essig, 4 EL Öl
Kartoffelsalat (S. 164)
4 Paar Gschwollene
3 EL Milch
1 TL Butter, 1 EL Öl
Salz, Pfeffer

Endiviensalat waschen, putzen, trocken schleudern und in feine Streifen schneiden. Zwiebel schälen und fein hacken. Schnittlauch waschen, trockenschleudern und in feine Ringe hacken.
Gemüsebrühe zum Kochen bringen. Den Topf von der Kochstelle nehmen. Senf, Essig und Öl mit einem Schneebesen in die Brühe rühren.
Endiviensalat mit der Sauce vermengen und unter den Kartoffelsalat heben. Durchziehen lassen.
Zwischenzeitlich Gschwollene in der Milch wenden und in heißer Butter und Öl bei mittlerer Hitze pro Seite etwa 3 Minuten braten, bis sie schön goldgelb sind.

Tipp: Mit süßem Senf servieren.

<u>Hasch des scho gwisst?</u>

Dieses einfache und schnelle Gericht bietet sich ideal für den Heilig Abend an, da der Salat gut vorbereitet werden kann und die Gschwollene schnell fertig sind. Als „Gschwollene“ werden sie bezeichnet, weil sie in der Pfanne, mit Fett angebraten, anschwellen.

Tipp: Endiviensalat schmeckt manchmal bitter. Besser wenn er unter lauwarmem Wasser gewaschen wird. Dann werden die Gerbstoffe herausgelöst.

Kartoffelblech

mit Rosenkohl und Fleischkugla

Staudenschloss

Für 4 Portionen:

400 g Rosenkohl
1 kg Kartoffeln, festkochend
2 Knoblauchzehen
Kümmel
Paprikapulver
Öl
1 Zwiebel
400 g Hackfleisch
etwas Petersilie
Salz, Pfeffer

Rosenkohl putzen. Kartoffeln schälen und in mundgerechte Würfel schneiden. Beides auf ein Backblech legen. Backofen auf 180°C (Ober-/Unterhitze) vorheizen. Fein gewürfelten Knoblauch auf den Kartoffeln und Rosenkohl verteilen. Mit Kümmel, Paprikapulver, Salz und Pfeffer sowie einem guten Schuss Öl vermischen.

Zwiebel in kleine Würfel schneiden und mit dem Hackfleisch vermischen und mit Salz und Pfeffer würzen. Mit geölten Händen daraus Kugeln in der Größe des Rosenkohls formen und auf das Backblech legen.

Alles zusammen in den Backofen schieben und für 35-40 Minuten backen, dann für 7-10 Minuten die Grillfunktion für eine schöne Färbung einschalten. Mit gehackter Petersilie bestreuen und servieren.

Dazu passt: Ein Salat der Saison, wie z.B. Feld- oder Endiviensalat, optional mit gerösteten Walnüssen.

Hasch des scho gwisst?

Das Staudenschloss, auch Renaissance-Schloss genannt, liegt im südlichen Naturpark Augsburg Westliche Wälder, in der Gemeinde Mickhausen. Auf einem Teil des ehemaligen Grundstücks steht heute das Gemeindezentrum. Das Schloss selber wird weiter restauriert, um es einer öffentlichen Nutzung zugänglich zu machen.

Spitzbuben

Lieblingsrezept von Claudia Ried - Kreisheimatpflegerin

Claudia Ried

Für ca. 50 Stück:

250 g Butter
350 g Mehl
180 g Zucker
125 g gemahlene Mandeln
2 Pck. Vanillezucker oder
Puderzucker
rote Marmelade

Butter mit Mehl, Zucker und Mandeln rasch zu einem Mürbteig verkneten. 30 Minuten kalt stellen.

Backofen auf 180°C (Ober-/Unterhitze) vorheizen. Teig auf einer bemehlten Arbeitsfläche dünn auswellen und in beliebiger Form ausstechen. Mit einer Palette auf ein mit Backpapier ausgelegtes Blech setzen und in 10 Minuten goldgelb backen.

Die abgekühlten Plätzchen auf einer Seite mit Puderzucker bestäuben oder in Vanillezucker wälzen und die andere Seite mit Marmelade bestreichen. Immer zwei Plätzchen vorsichtig zusammenkleben.

Mein Lieblingsort im Landkreis ist das Staudenhaus, welches heute in Oberschönenfeld steht. Das kleinbäuerliche Anwesen ist das letzte strohgedeckte Haus im Gebiet der Stauden und repräsentiert den Typus des "Staudenhauses", der bis ins 19. Jh. das Bild dieses Hügellandes südwestlich von Augsburg geprägt hat. Claudia Ried

Schmuttertal und Bismarckturm

Nicht verpassen!

Da muasch no!

Weihnachtsmärkte

alle 4 Advents-WE:

Steppacher Weihnachtsinsel

Neusäßer Weihnachtsmarkt

1.Advents-WE:

Stadtberger Adventszauber mit Kunsthandwerksmarkt

Christkindlesmarkt Deuringen

Weihnachtsmarkt in Anhausen

2.Advents-WE

Leitershofer Dorfweihnacht

Adventsmarkt in Aystetten (2. oder 3. Advents-WE)

Einzigartig in ganz Schwaben ist der Bismarckturm im Neusässer Stadtteil Steppach. Er wurde zu Ehren des ersten deutschen Reichskanzlers, Fürst Otto von Bismarck (1815–1898), erbaut und am 3. September 1905 feierlich eingeweiht. Der etwa 20 Meter hohe Turm kann von April bis Oktober besichtigt werden, aber auch an Silvester hat sich das Areal zu einem beliebten Ausflugsziel entwickelt, bietet es doch gerade zum Jahreswechsel aufgrund seiner erhöhten Lage einen grandiosen Ausblick auf die nahe gelegene Stadt Augsburg.

Käseschnecken

optimal fürs Party-Buffet

Winterlandschaft Deuringen

Für ca. 24 Stück:

375 g Dinkelmehl
20 g frische Hefe
250 ml Wasser
½ TL Salz
18 getrocknete Tomaten
200 g Schnittkäse
150 g Frischkäse
Paprikapulver
Pizzagewürz
Öl, Salz, Pfeffer

Aus Mehl, Hefe, Wasser, 4 EL Öl und Salz einen weichen Hefeteig herstellen. Ggf. noch etwas Mehl zufügen, falls der Teig klebt. 30 Minuten zugedeckt gehen lassen.
In der Zwischenzeit die getrockneten Tomaten klein schneiden und den Schnittkäse reiben.
Auf einer bemehlten Arbeitsfläche den Teig zu einem Rechteck ausrollen. Vor dem Belegen die Arbeitsfläche nochmals mit Mehl bestäuben. Den Teig mit Frischkäse bestreichen, mit den Tomaten belegen und mit Paprikapulver, Pizzagewürz und Käse bestreuen. Teig vorsichtig aufrollen und nochmals kurz gehen lassen.
Backofen auf 200°C (Umluft) vorheizen.
Rolle in ca. 1 ½ cm dicke Scheiben schneiden. Die Schnecken auf ein mit Backpapier ausgelegtes Backblech setzen und 15 Minuten backen (mittlere Schiene).

Hasch des scho gwisst?
Die früher als Truppenübungsplatz genutzte Deuringer Heide bietet heute einen Lebensraum für viele Tier- und Pflanzenarten. Seit 2009 können Besucher auf dem dort errichteten Natur- und Kulturerlebnispfad die Lebensbedingungen der dort beheimateten Flora und Fauna kennenlernen.

Pastinaken-Karotten-Puffer

mit Chili-Dill-Dip

Für 20-25 Stück:

250 g Pastinaken
250 g Karotten
2 mittlere Kartoffeln, mehlig kochend
3 Eier
50 g Mehl
1 MSP Muskat
Öl zum Braten
Salz, Pfeffer

Pastinaken, Karotten und Kartoffeln waschen, schälen und grob raspeln. Die geriebenen Kartoffeln auspressen.
Eier in einer Schüssel aufschlagen und verquirlen. Gemüseraspel, Mehl und Muskat zugeben und gut vermengen. Mit Salz und Pfeffer abschmecken und ca. 10 Minuten ziehen lassen. Öl in einer Pfanne erhitzen und löffelweise kleine, dünne Puffer formen.
Jede Seite ca. 3-4 Minuten goldbraun und knusprig anbraten, vorsichtig wenden.

Mit einen Chili-Dill-Dip servieren (siehe unten).

<u>Chili-Dill-Dip</u>

1 kleine Chilischote, 2 EL Dill, 2 EL Quark, 2 EL Joghurt, Salz, Pfeffer. Chili und Dill waschen und trockentupfen. Chili in dünne Ringe schneiden und Dill fein hacken. Quark und Joghurt mit Chili und dem kleingehackten Dill vermengen. Mit Salz und Pfeffer abschmecken.

Stadttürme

rustikale Apfel-Zwirbelstangen

Stadtbergen

Für 12 Stück:

Quarkblätterteig (S. 160)
2 Äpfel
2 TL Butter
2 TL Zucker
25 g Pistazien, gehackt
Kardamom, gemahlen
1 Eigelb
2 EL Milch
Dekor- oder Hagelzucker

Quarkblätterteig wie auf Seite 160 beschrieben zubereiten. Äpfel entkernen und in kleine Würfelchen schneiden. Äpfel mit Butter und Zucker in einem Topf ein paar Minuten anschwitzen. Pistazien zufügen und mit Kardamom abschmecken. Apfelfüllung sollte eher etwas trocken sein, ggf. vorhandene Flüssigkeit verdampfen lassen und abkühlen lassen.
Backofen auf 180°C (Ober-/Unterhitze) vorheizen. Blätterteig leicht ausrollen und ca. 8x20 cm große Streifen schneiden. Die Füllung der Länge nach auf die Streifen setzen, schräg aufrollen und die Enden gut verschließen. Anschließend die Stangen 3-4 mal verzwirbeln und auf ein Backblech setzen. Eigelb mit Milch verquirlen und die Stangen damit einpinseln. Nach Belieben mit grobem Zucker bestreuen.
Für ca. 25 Minuten (mittlere Schiene, bei 180°C) backen.

Hasch des scho gwisst?

Das bei Kindern beliebte Moussong Theater, ein Figurentheater, ist in Stadtbergen zu Hause, gastiert jedoch aufgrund seiner mobilen Bühne in ganz Deutschland und dem Ausland.

Verschiedene Türme repräsentieren das Bild von Stadtbergen. Als sehenswerte Beispiele seien die St. Oswald-Kirche und St. Nikolaus zu nennen.

Lech-Wertach-Tal

Nicht verpassen!

Da muasch no!

Weihnachtsmärkte
Hoigarten in Schwabmünchen (1. bis 4. Advent)
Wehringer Weihnachtsmarkt (1. Advents-WE)
Niklausmarkt Königsbrunn (2. Advents-WE)

Faschingsumzüge
Faschingssonntag: "Wia friar und heit"
in Wehringen
und alle 2 Jahre in Igling

Der Legende nach verirrte sich die Witwe Regina Imhof eines Nachts auf dem Lechfeld und gelobte, an der Stelle eine Kapelle errichten zu lassen, von der aus sie die Lichter ihres Schlosses in Untermeitingen wieder sehen konnte. 1603 wurde die von Elias Holl entworfene Kapelle dann tatsächlich gebaut und konnte 1604 geweiht werden. Sehr schnell entwickelte sich das kleine Gotteshaus zu einem berühmten Wallfahrtsort, das im weiteren Verlauf des 17. Jahrhunderts stetig erweitert wurde. Heute zählt die Pfarr- und Wallfahrtskirche Maria Hilf in Klosterlechfeld zu den bedeutendsten Sakralbauten des südlichen Landkreises Augsburg und zieht noch immer zahlreiche Pilger an.

Winterzauber

Kürbis-Rindfleisch-Suppe

Oberottmarshausen

Für 4 Portionen:

1 kg Kürbis
2 Kartoffeln
½ TL Kurkumapulver
½ TL Majoran
2-3 Lorbeerblätter
1 l Brühe
500 g Rindergulasch
2 Zwiebeln
4 EL Öl, 1 EL Butter
1 Limette
Salz, Pfeffer

Kürbis waschen, schälen (kann beim Hokkaido entfallen) und klein würfeln. Ebenso die Kartoffeln. Kürbis- und Kartoffelwürfel zusammen mit Kurkuma, Majoran und Lorbeerblättern in der Gemüsebrühe 10-15 Minuten weich kochen.
Fleisch in mundgerechte Stücke schneiden. Zwiebeln schälen und klein würfeln. Beides in einer Pfanne in heißem Öl und Butter anbraten, bis das Fleisch gar und die Zwiebeln glasig sind. Beiseite stellen.
Lorbeerblätter aus der Kürbissuppe entfernen und fein pürieren. Fleisch und Zwiebeln in die Suppe geben und ca. 5 Min. köcheln lassen. Limette auspressen und Saft in die Suppe einrühren. Suppe mit Majoran, Salz und Pfeffer abschmecken.

Tipp: Mit Kürbisöl beträufeln und mit Kürbiskernen und z.B. Sauerrahm servieren.

HASCH DES SCHO GWISST?
Rund um Oberottmarshausen gibt es mehrere Badeseen, die für ein erfrischendes Bad im Sommer geeignet sind. Aber auch ein Spaziergang durch die winterliche Natur macht in dieser Gegend Spaß.

Verlorene Eier

mit Bratkartoffeln und Feldsalat

Für 4 Portionen:

Bratkartoffeln (S. 161)
350 g Feldsalat
4 EL Essig
8 EL Öl
1 TL Honig
etwas Petersilie
1,5 l Wasser
2 TL Salz
1 EL Essig
8 Eier
Salz, Pfeffer

Bratkartoffeln (siehe Seite 161), nach Belieben mit gebratenem Speck, vorbereiten.
Salat putzen und aus Essig, Öl, Honig, gehackter Petersilie, Salz und Pfeffer eine Marinade zubereiten.
Die verlorenen Eier brauchen etwas Geduld. Wasser erhitzen, Salz und Essig zufügen. Jedes Ei einzeln zubereiten. Dazu jeweils ein Ei in ein Glas aufschlagen. Sobald das Wasser heiß ist, es soll nicht kochen, sondern kurz vor dem Sieden sein, das aufgeschlagene Ei in eine Suppenkelle geben und diese aus geringster Höhe in das heiße Wasser gleiten lassen. Das Ei etwas drehen, so dass sich das Eiweiß um das Eigelb legt. Ei im siedenden Wasser ziehen lassen, bei 3 Minuten bleibt das Eigelb noch weich, bei 4 Minuten ist es wachsweich. Das Ei mit einem Schaumlöffel herausnehmen und warm halten. Mit den anderen Eiern ebenso verfahren. Bratkartoffeln fertig machen und mit Eiern und Salat servieren.

Hasch des scho gwisst?

Verlorene Eier oder pochierte Eier sind Eier, die ohne Schale in knapp siedendem Wasser (80°C) sanft gegart (pochiert) werden. Der Essig bewirkt eine schnellere Gerinnung des äußeren Eiweißes.

Krautwickel

mit Hackfleischfüllung

Lagerlechfeld

Für 4 Portionen:

1 Weißkraut
1 Zwiebel
1 Semmel, Vortag
1 Ei
Thymian
Liebstöckel
250 g Hackfleisch
250 ml Brühe (S. 159)
3 Lorbeerblätter
5 Wacholderbeeren
Öl, Salz, Pfeffer

Welke Blätter vom Krautkopf lösen, Strunk ausschneiden und im Ganzen halbgar kochen. Blätter für die Wickel ablösen, die Mittelrippen flach schneiden. Restliches Kraut klein schneiden.

Für die Füllung die Zwiebel klein schneiden und in heißem Öl glasig braten. Semmel klein schneiden und in etwas Wasser einweichen. Ausdrücken und zusammen mit den Zwiebeln, Ei, klein geschnittenem Kraut, Thymian und Liebstöckel zum Hackfleisch geben und gut vermischen. Mit Salz und Pfeffer würzen.

Füllung auf die Krautblätter verteilen, Ränder einschlagen und zusammen rollen. Die Rollen in heißem Öl rundherum anbraten. Brühe angießen, kräftig abschmecken und mit Lorbeerblättern, Wacholderbeeren und Pfeffer nach Belieben ca. 30 Minuten schmoren lassen.

Drzua bassa: Bratkartoffeln (S. 161).

Hasch des scho gwisst?

Lagerlechfeld ist eine geteilter Ort, da sie sowohl zu Graben als auch zu Untermeitingen gehört. Der Name selber ist Programm, da schon zur Römerzeit hier militärische Lager aufgebaut waren, später gab es dann ein Gefangenenlager und ein Durchgangslager für Rückkehrer. Mit den Lagern kamen auch andere Menschen hierher und ließen sich nieder. Heute dient der alte Militärflugplatz noch der Bundeswehr als Flugplatz.

Sonntagsgockel

Lieblingsrezept von Autor Thomas Sadler

Thomas Sadler

Für 4 Portionen:

2,5 kg Brathähnchen
4-6 TL Brathähnchen-Gewürz
3 Zweige Rosmarin
½ Bd. Petersilie
4 Lorbeerblätter
3 große Kartoffeln, mehlig kochend
250 ml helles Bier
250 ml Hühnerbrühe

Backofen auf 160°C Ober-/Unterhitze vorheizen.
Brathähnchen gut außen und innen waschen, trockentupfen. Hähnchen gut mit der Gewürzmischung einreiben.
Rosmarin und Petersilie waschen, trockenschleudern und in das Hähnchen geben. Kartoffeln waschen, schälen und halbieren.
Hähnchen in eine Reine geben und für ca. 10 Minuten in den aufgeheizten Ofen schieben. Anschließend mit einem Großteil des Bieres und der Brühe aufgießen. Kartoffelhälften und Lorbeerblätter dazugeben. Mit Alufolie abdecken und für ca. 2 Stunden im Ofen braten, dabei immer wieder mit Brühe und Bier aufgießen. Dann die Alufolie abnehmen und das Hähnchen für weitere 30 Minuten mit der Grillfunktion grillen.

Tipp: Brathähnchen-Gewürz selbst herstellen: 1 TL Paprikapulver (edelsüß), 2 TL Rosmarin (getrocknet), 2 TL Majoran (getrocknet), 1 TL bunter Pfeffer, 1 TL Salz, 1 TL Tomatenmark, ½ TL Zucker, 2 mittelgroße Knoblauchzehen mit 4-6 EL Öl in einem Mörser zerreiben und gut vermischen. Fertig.

Thomas Sadler

Nachdem er sich im Sandkuchenbacken geübt hatte, startete er mit sieben Jahren erste eigene Kochversuche. Kartoffeln waren schon immer sein Favorit, Kartoffelbrei stampfen liebte er bereits damals. Knedl passen prima zum Sonntagsgockel, ebenso empfiehlt er seine Lieblingsbeilage aus Kindertagen. Der Gartenbauingenieur ist seit Mitte der 90er Jahre in der Bio-Branche tätig: Direktvermarktung, Gastronomie, Projektarbeit, Großhandel, Beratung, Redaktionsbüro, Veranstaltungen, Autor, Verleger. Er ist Foodstoryteller in Wort und Bild. Weitere Infos: www.die-essgefaehrten.de

Grundrezepte

Würzl

Bild siehe Seite 158

1 Glas mit 400 ml:

1 Bd. Petersilie
etwas Selleriekraut
1/8 Sellerieknolle
1 kleine Petersilienwurzel
1 kleine Karotte
1 kleines Stück Lauch
Gewürze
Salz

Die Petersilie und das Selleriekraut waschen und sehr gut abtrocknen. Die Kräuter hacken. Sellerieknolle, Petersilienwurzel, Karotte und Lauch klein würfeln. Gewürze nach Belieben zufügen. Die Gemüse-Kräuter-Mischung entweder durch den Fleischwolf drehen oder im Mixer fein pürieren.
Salzmenge berechnen: Auf drei Teile Gemüse kommt ein Teil Salz. Z.B. zu 600 g zerkleinerter Gemüsepaste 200 g Salz zufügen. Das Würzl kann statt fertiger, gekaufter Brühe verwendet werden.
Im Kühlschrank mehrere Monate haltbar.

Gewürze: Z.B. Pfeffer, Rosmarin, Estragon, frischer Liebstöckel, Curcuma.

Brühe

Für ca. 2-3 l:

½ - 1 kg Suppenfleisch
2 Karotten
2 Petersilienwurzeln
½ Sellerieknolle
1 Zwiebel mit Schale
Frischer Liebstöckel
Salz

Fleisch waschen und ungeschnitten in einen großen Topf (10 l Fassungsvermögen) legen. Gemüse zerteilen und mit grob zerhacktem Liebstöckel zum Fleisch geben. Den Topf mit gut 3 l kaltem Wasser auffüllen. Langsam erhitzen (Schaum abschöpfen) und ca. 1 Stunde auf kleiner Flamme köcheln lassen. Zum Schluss salzen.
Dann Suppenfleisch und Gemüse abseihen und die heiße Brühe in saubere Gläser füllen. Im Kühlschrank ca. 2-3 Wochen haltbar. Das Fleisch kann anderweitig verwendet werden.
Für eine Hühnerbrühe statt Fleisch ein Suppenhuhn verwenden und für eine Gemüsebrühe auf das Fleisch verzichten und mehr Gemüse verwenden.
Als Suppenfleisch eignet sich: Brustfleisch, Bauchlappen, Ochsenschwanz, Zwerchrippe, Hals, Wade bzw. Haxe oder Beinscheiben, Suppenknochen von Rind oder Lamm.

Quarkblätterteig

Für 1 Portion:

125 g Mehl
125 g Quark
60 g Butter
1/4 TL Salz

Aus Mehl, Quark, Butter und Salz einen Quarkteig herstellen und bis zur Weiterverarbeitung kühl stellen. Den Teig auswellen und Touren schlagen: Teig zu einem Band von 1 cm Stärke auswellen, von beiden Seiten zur Mitte einklappen, dann wie ein Buch zusammenschlagen und kühl stellen. Teig zu den beiden offenen Seiten wieder zu einem Band auswellen, Vorgang wie beschrieben 2-3mal wiederholen.

Tomaten-Relish

Für 8 Gläser:

250 g Tomaten
2 rote Paprika
150 g Schalotten
2 Knoblauchzehen
1 Chilischote
20 g Tomatenmark
200 g Zucker
250 ml Apfelessig
Paprikapulver
Salz, Pfeffer

Tomaten kreuzweise einschneiden, heiß überbrühen, mit kaltem Wasser abschrecken und die Haut abziehen.

Paprika, Schalotten, Knoblauch, Chili und Tomaten in kleine Würfel schneiden. Alles in einen Topf geben, aufkochen lassen und auf geringer Hitze 45 Minuten köcheln lassen. Gelegentlich umrühren.

Tomatenmark und Zucker hinzugeben, kurz karamellisieren lassen und mit dem Essig ablöschen. Noch kurz köcheln lassen und mit Paprikapulver, Salz und Pfeffer abschmecken.

Das heiße Relish in sterile Twist-off Gläser füllen, diese fest verschließen, auf den Deckel stellen und unter einem Handtuch langsam abkühlen lassen.

Hefeteig

Für 1 Blech:

10 g Hefe
125 ml Milch
250 g Mehl
50 g Butter
Salz

Salziger Hefeteig: Hefe in lauwarmer Milch auflösen. Mehl in eine Schüssel geben, eine Mulde formen und Milchmischung dazugeben. Zugedeckt 15 Minuten gehen lassen.
Geschmolzene Butter und etwas Salz zum Vorteig geben. Teig solange kneten, bis er sich von der Schüssel löst. Zugedeckt zum doppelten Volumen gehen lassen.

Süßer Hefeteig: Nur 1 Prise Salz verwenden, zusätzlich 30 g Zucker und 1 Ei zugeben.

Bratkartoffeln

Für 4 Portionen:

1 kg Kartoffeln
1 Zwiebel
3-4 EL Butterschmalz
Kümmel, ganz
Salz, Pfeffer
ggf. Speckwürfel

Die Kartoffeln mit Schale kochen. Anschließend pellen und in etwa 3 cm dicke Scheiben schneiden. Die Zwiebel würfeln.
Butterschmalz in einer großen Pfanne erhitzen, Zwiebel zugeben und glasig dünsten. Die Kartoffeln hinzufügen und bei mittlerer Hitze knusprig braten. Dabei nicht rühren, sondern die Kartoffeln nach ca. 8-10 Minuten vorsichtig wenden. Mit Salz und Pfeffer und nach Belieben mit ganzem Kümmel abschmecken.
Am besten die Pellkartoffeln bereits am Vortag kochen oder übrige, gekochte Kartoffeln vom Vortag verwenden.
Nach Belieben Speckwürfel mit anbraten.

Spätzla

Für 4 Portionen als Beilage:

350 g Mehl (oder Dunst)
5-6 Eier
1 TL Salz

Mehl, Eier und Salz in einer Schüssel verrühren. Mit dem Kochlöffel den Teig solange schlagen, bis er Blasen wirft. Falls der Teig zu fest ist etwas Wasser (am besten Mineralwasser mit Kohlensäure) zufügen. Spätzlateig ca. 15 Minuten quellen lassen.
Wasser in einem großen Topf zum Kochen bringen, dann salzen. Eine Schüssel für die fertigen Spätzla bereitstellen. Mit dem Spätzlahobel oder -presse den Teig portionsweise in das kochende Wasser geben. Einmal aufkochen lassen, dann die Spätzla mit dem Schaumlöffel herausnehmen, in einem Sieb kurz mit kaltem Wasser überbrausen und gut abtropfen lassen. Die Spätzla im Backofen bei 60-80°C warmhalten.

Pfannkuchenteig

Für 4 Portionen:

300 g Mehl
4 Eier
½ l Milch
Salz

Das Mehl mit dem Salz vermengen und mit den Eiern verrühren, dann nach und nach Milch unterrühren, bis ein glatter Teig entstanden ist.

Den Teig etwa 20 Minuten quellen lassen, erst dann weiter verarbeiten.

Brezgaknedl

Für 4 Portionen

150 ml Milch
150 ml Brühe (S. 159)
Knedlbrot aus je 4 Brezga und Semmeln
5 Eier
1 mittlere Zwiebel
1 Knoblauchzehe
½ Bd. Petersilie
½ TL Majoran
½ Bd. Schnittlauch
Öl, Salz, Pfeffer

Milch und Brühe erhitzen. Knedlbrot mit Eiern, Milch, Brühe vermengen und Teig weich werden lassen.
Zwischenzeitlich Zwiebel und Knoblauch schälen, klein hacken und in einer Pfanne mit 1 EL Öl glasig andünsten. Kräuter waschen, trockenschleudern und klein hacken. Alles zur Knedlmasse zugeben und gut durchkneten. Mit Salz und Pfeffer abschmecken.
Knedl garen: Dazu einen großen Topf mit Salzwasser zum Kochen bringen. Knedl formen, in das kochende Wasser geben und etwa 20 Minuten ziehen lassen (Wasser darf nicht mehr kochen). Dabei Knedl öfters wenden.
Tipp: Kräuter-Brezgaknedl passen gut zum Sonntagsgockel auf Seite 157. Reste von den Brezgaknedl können in Scheiben geschnitten und in der Pfanne abgeröstet auch als Beilage serviert werden.

Kartoffelbrei

Für 4 Portionen:

1½ kg Kartoffeln, mehlig kochend
¼ l Milch
30 g Butter
Muskat
Salz

Die Kartoffeln waschen, schälen und in große Stücke schneiden. In Salzwasser ca. 20-25 Minuten kochen. Das Wasser abgießen. Den Topf mit den Kartoffeln wieder auf die warme Platte stellen und das restliche Wasser kurz verdampfen lassen.

Anschließend die Kartoffeln mit einem Kartoffelstampfer oder einer Kartoffelpresse zerkleinern. Danach Milch und Butter zugeben und kräftig rühren, bis der Kartoffelbrei luftig und locker ist. Mit Muskat und Salz abschmecken.

Kartoffelsalat

Für 4 Portionen:

1 kg Kartoffeln, festkochend
3 Zwiebeln
200 ml Brühe (S. 159)
6 EL Essig
3 EL Öl
Salz, Pfeffer

Kartoffeln mit Schale in Salzwasser weich kochen, abschrecken, pellen und noch warm in Scheiben schneiden.
Die Zwiebeln fein würfeln, in der Brühe 4 Minuten offen kochen. Diese mit der Hälfte der Brühe heiß über die noch warmen Kartoffeln gießen und den Salat mischen. Restliche Brühe unterheben. So wird verhindert, dass der Salat „schwimmt", falls er nicht so viel Flüssigkeit aufnehmen sollte. Manchmal wird auch weniger Brühe gebraucht. Dies hängt von Kartoffelsorte und Lagerdauer ab. Mit Essig, Öl, Salz und Pfeffer würzen und unter gelegentlichem Rühren abkühlen lassen.

Semmelknedl

Für 8 Knedl:

6 altb. Semmeln
250 ml heiße Milch
½ Zwiebel
½ Bd. Petersilie
1 EL Butter
2-3 Eier
Muskat, Salz, Pfeffer

Die altbackenen Semmeln zerkleinern, mit heißer Milch übergießen und für 30 Minuten einweichen lassen. In der Zwischenzeit die Zwiebeln und die Petersilie fein hacken, in der Butter andünsten und abkühlen lassen. Eier und Muskat unter die Semmelmasse kneten, dann die Zwiebelmasse untermengen. Etwa 10 Minuten ziehen lassen, nochmals durchkneten und mit Salz und Pfeffer abschmecken. Falls der Teig zu feucht ist, etwas Mehl zufügen. Acht Knedl formen und in siedendem Salzwasser etwa 20 Minuten ziehen lassen. Dabei öfters wenden. Das Wasser sollte nicht kochen!

Kartoffelknedl

Für 8 Knedl:

1½ kg Kartoffeln, mehlig kochend
100 g Semmelbrösel
1 Ei
125 ml heiße Milch
1 Semmel vom Vortrag
20 g Butter
Salz, Pfeffer

1 kg ungeschälte Kartoffeln mit Wasser bedeckt 30 Minuten kochen lassen. Abgießen, abschrecken und abziehen, dann heiß durchpressen. Restliche Kartoffeln schälen, in eine Schüssel mit kaltem Wasser reiben, dann in ein sauberes Geschirrtuch geben und über einer Schüssel auspressen. Das ausgepresste Wasser mindestens 10 Minuten stehen lassen, damit sich die Stärke absetzen kann. Überschüssiges Wasser vorsichtig abgießen und die Stärke zu den rohen, geriebenen Kartoffeln geben. Kartoffel-Masse mit Semmelbrösel, Ei, heißer Milch, Salz und Pfeffer vermengen und zu einem Knedlteig verkneten. Semmel in kleine Würfel schneiden und in Butter anrösten. Mit nassen Händen handtellergroße Fladen formen. Mittig je einen gerösteten Brotwürfel setzen und zu Knedln formen. In siedendem Salzwasser gar ziehen lassen, bis die Knedl an die Oberfläche kommen.

Krautsalat

Für 4 Portionen:

1 kleiner Kopf Weißkraut
3 TL Honig
4 EL Öl
3 EL Essig
Salz, Pfeffer

Das Weißkraut in feine Streifen hobeln. Mit Salz und Pfeffer würzen. Anschließend den Honig untermischen. Schließlich Essig und Öl zugeben und gut umrühren.
Wenn alles gut vermischt und durchgezogen ist, auf Tellern anrichten und servieren.

Tipp: Krautsalat kann auch warm zubereitet werden. Dazu das klein gehobelte Kraut in etwas Brühe (siehe Seite 159) kurz garen oder in zerlassener Butter anschwitzen. Oft wird dem Salat auch Kümmel und klein gewürfelter Speck oder Schinken hinzugefügt. Mit der Marinade wie oben beschrieben vermischen.

Adressen

Wochenmärkte in der Region und regionale Erzeuger und Anbieter, Hofläden und Ab-Hof-Verkaufsstellen

Erzeuger & Märkte

im Landkreis Augsburg

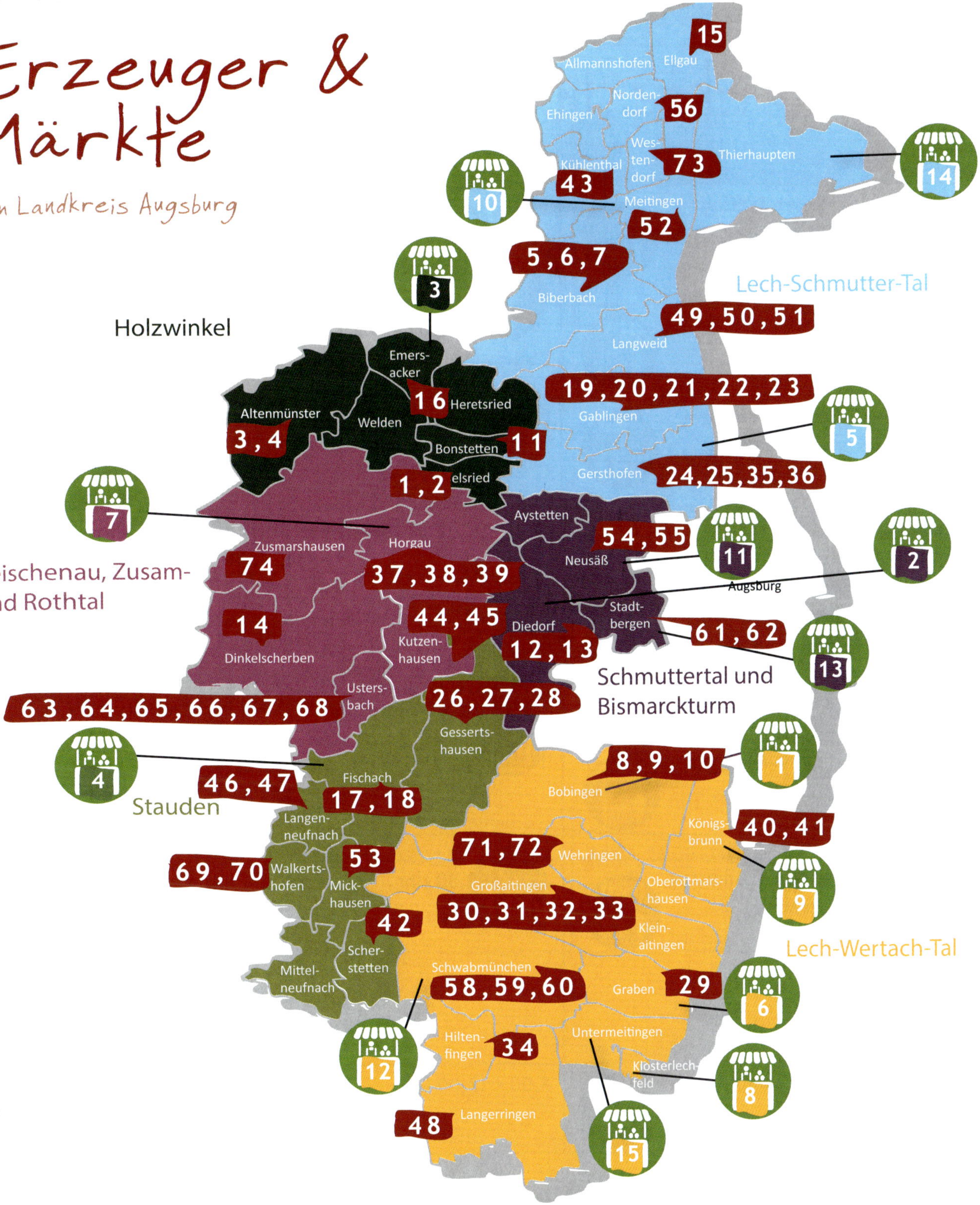

Augsburger Mundart

Bautza	Schupfnudeln
Brobiera gat ibr schtudiera	Probieren geht über studieren
Brotzeita ond kalte Schmankerla	Brotzeiten und kalte Schmankerl
Da muasch no	Da musst Du hin
driba	drüben
drzua basst/bassn	dazu passt/passen
Ebbes Rechts	Hauptspeisen
Ebbes Siass henda noch	Süßspeisen
Flädle	Pfannkuchenstreifen
Gmias	Gemüse
Gockel, Göckel	Hahn, Hähne
Griasknedel	Grießklößchen
Haible	Haube
Haisle	Häuschen
Hasch des scho gheart?	Hast Du das schon gehört?
Hasch des scho gwisst?	Hast Du das schon gewusst?
Kiachla	Küchlein
Kirscha	Kirschen
Kloinigkeita	Vorspeisen
Knedel	Knödel/Kloß
Kuacha	Kuchen
Käskuacha	Käsekuchen
Nudla	Nudeln
Oirhaber	Kaiserschmarrn
Rehrle	Röhrchen, Backofen
roicht	reicht, ausreichend
Schiffla	Schiffchen
So gats au	So geht es auch
So kamas au macha	So kann man es auch machen
Supp, Suppa	Suppe, Suppen
Wölkla	Wölkchen
Woog	Waage
Zwetschga	Zwetschgen

Erzeuger & Märkte

m Landkreis Augsburg

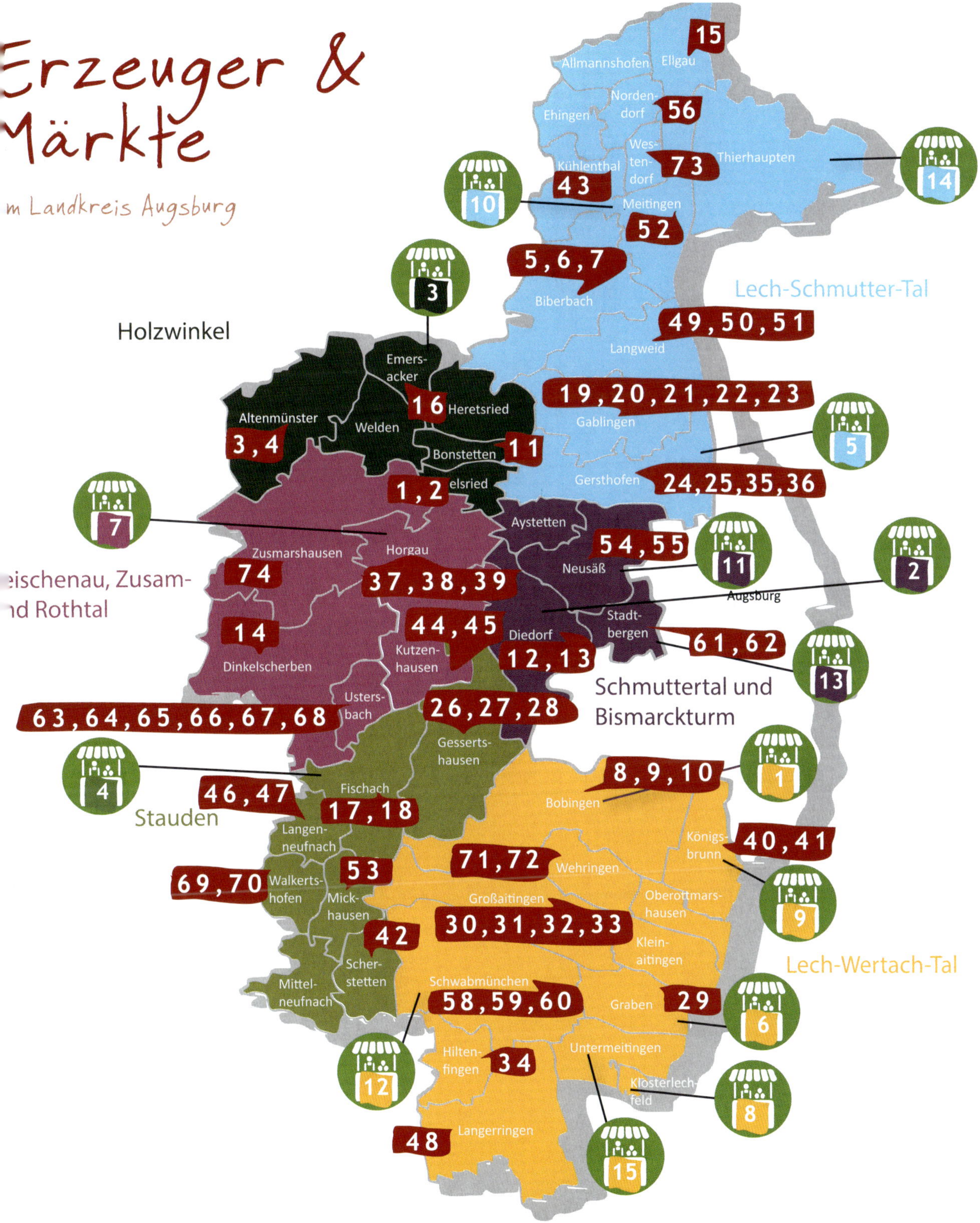

Wochenmärkte in der Region

Wo	Wann	Uhrzeit	Produkte
Bobingen, Wochenmarkt auf dem Rathausplatz	jeden Freitag	7.30 - 12.30 Uhr	Jungpflanzen, Gemüse, frische Eier, Blumen, Fisch, Käse, Suppenhühner
Diedorf, Ökomarkt vor der Schmutterhalle Diedorf	jeden Freitag	9.30 - 16.00 Uhr	Bio: Obst, Gemüse, Käse
Emersacker, Wochenmarkt auf dem Marktplatz	jeden Freitag	13.45 - 15.00 Uhr	Wurst- und Fleischwaren, Eier
Fischach, Bauernmarkt im Dorfzentrum, Marktplatz 1	jeden Freitag	7.00 - 12.00 Uhr	Fleisch- und Wurstwaren, Käse, Gemüse
Gersthofen, Wochenmarkt auf dem kleinen und/oder großen Rathausplatz	jeden Samstag	8.00 - 12.00 Uhr	Fleisch- und Wurstwaren, Fisch, Obst und Gemüse, Milchprodukte, Öle, saisonale Produkte
Graben, Wochenmarkt am Rathaus/ St. Martins Kirche	jeden Mittwoch	14.00 - 18.00 Uhr	Gemüse, Obst, Pflanzen, Fleisch, Wurst, Käse, Eier, Nudeln, Spätzle, Geflügel, Marmeladen, Honig
Horgau, Bauernmarkt in der Augsburger Str. 2	jeden 1. Samstag im Monat	8.00 - 12.30 Uhr	Obst, Gemüse, Honig, Brot und Backwaren, Nudeln, Gewürze, Eier, Wurstwaren, Liköre, saisonale Produkte wie z.B. Spargel, Nüsse, wechselnde Non-Food-Angebote
Klosterlechfeld, Wochenmarkt am Franziskanerplatz	jeden Mittwoch	8.00 - 12.00 Uhr	Hofmetzgerei, Gärtnerei, Käsealm, Imker

Wo	Wann	Uhrzeit	Produkte
Königsbrunn, Wochenmarkt am Marktplatz	jeden Samstag 9	8.00 - 12.00 Uhr	Gemüse, Obst
Meitingen, Wochenmarkt am Marktplatz, Schloßstraße	jeden Freitag 10	7.00 - 12.30 Uhr	Obst, Gemüse, Fisch, Geflügel, Fleisch und Wurstwaren, Käse, Eier, Blumen
Neusäß, Wochenmarkt auf dem Volksfestgelände an der Georg-Odemer-Straße	jeden Samstag 11	7.00 - 12.00 Uhr	Produkte der Fischerei, des Obst- und Gartenbaus, der Land- und Forstwirtschaft und rohe Naturerzeugnisse
Schwabmünchen, Bauernmarkt in der Jahnstr. 1	jeden Freitag 12	13.30 - 16.30 Uhr	Gemüse, Obst, Fisch, Käse, Fleisch, Brot, Kuchen, Marmelade, Saft
Stadtbergen, Wochenmarkt am Oberen Stadtweg 2	jeden Samstag 13	9.00 - 13.00 Uhr	Obst, Gemüse, Käse, Fleisch- und Wurstwaren, Backwaren
Thierhaupten, Wochenmarkt am Parkplatz Marktplatz 2	jeden Samstag 14	7.00 - 12.00 Uhr	Obst, Gemüse, Fleisch- und Wurstwaren, Wild, Hühner, Puten, Eier und Eierprodukte, Käse, Spargel in der Spargelzeit
Untermeitingen, Wochenmarkt auf dem Rathausplatz, Von-Imhof-Str. 6	jeden Samstag 15	7.00 - 12.00 Uhr	Fleisch, Wurst, Obst, Gemüse, Honig, Käse, Eier, Spargel in der Spargelzeit

Regionale Erzeuger

Name, Adresse	Tel, E-Mail, Internet	Produkte	Verkauf
Hasenberghof 1 Anna und Jörg Ostermeier Am Hasenberg 86477 Adelsried	www.bio-hasenberghof.de	Eier, Suppenhühner, Zweinutzungs-Gockel	Selbsbedienungsladen ab Hof, Vorbestellung
Gmias Gärtle 2 Johann Kleinheinz Kohlstattweg 5 86477 Adelsried	Tel: 0172 8303465 Fax: 08294 860280 Jkleinheinz@t-online.de www.gemuese-kleinheinz.de	Kartoffeln ganzj., Karotten August bis Dezember, ggf. Salate im Sommer	SB-Stand am Hof 7.00 - 20.00 Uhr
Imkerei Annette Riedel 3 Am Steinriesel 1 86450 Altenmünster	Tel: 08295 909409 Fax: 08295 909413 annette@riedel-elektronik.de	Honig, Bienenprodukte	Heimvertrieb
Speckbaur Eselhof 4 Familie Schurer Dorfanger 46 86450 Altenmünster / Baiershofen	Tel: 08295 969738 Fax: 08295 969750 eselkontakt@speckbaur-eselhof.de www.speckbaur-eselhof.de www.esel-und-schafe.de	Schafprodukte und Lammfleisch	Hofladen
Geflügelhof Tietze 5 Hans Tietze Dorfanger 54 86450 Altenmünster / Baiershofen	Tel: 08295 1090 Fax: 08295 1090	Eier aus Bodenhaltung, saisonal Gänse aus Freilandhaltung	Gänse auf Vorbestellung

Name, Adresse	Tel, E-Mail, Internet	Produkte	Verkauf
Grünes. Gutes. Gesundes. Der kleine feine Bioladen mit Café 6 Edith Neidlinger Am Kirchberg 10 1/2 86458 Biberbach Bioladen	Tel: 08271 3352 edith@bioladen-biberbach.de www.bioladen-biberbach.de bioladen.biberbach	Bio: Obst, Gemüse, selbst gebackenes Brot, Käse und Milchprodukte, Kosmetik, Waschmittel, Honig, Wein, Kaffees und Tees, Veganes und Vegetarisches	Do/Fr/Sa 8.00 - 18.00 Uhr
Dorfladen Biberbach 7 Rathausplatz 2 86485 Biberbach	Tel: 08271 420566 Fax: 08271 420567	Eier, Nudeln, Mehl, Kartoffeln, Honig, Fisch, Käse, Wurst, Wein	Mo-Fr 8.00 - 18.00 Uhr Sa 7.30 - 12.30 Uhr
Bioland Hof Wessinger 8 Josef Wessinger Augsburger Straße 4a 86399 Bobingen Biolandbetrieb	Tel: 08234 8341 josef.wessinger@t-online.de www.biolandhof-wessinger.de	Bio: Eier, Göckel, Weidepute, Kartoffeln, Kürbisse, Gemüse, Käse, Naturkost	Mi/Fr 8.30 - 18.00 Uhr Sa 8.30 - 12.00 Uhr
"Beim Bäuerle" 9 Marcus Fischer Augsburger Straße 9 86399 Bobingen	Tel: 08234 902738 Fax: 08234 902739 marcus-fischer@t-online.de www.fischer-hof.de	Kartoffeln u. Eier, vorausstl. ab Herbst 2018: Speisewelse	Fr/Sa 9.00 - 12.00 Uhr
Kunstmühle 10 Michael Hefele Römerstraße 7 86399 Bobingen	Tel: 08234 3605 Fax: 08234 4057	Mehle, Dinkel, Weizen- und Roggenmehle, Nudeln, Müsli	Mo/Do/Fr 8.00 - 12.30 und 14.00 - 18.00 Uhr Sa 8.00 - 12.00 Uhr
Hofladen beim Hinterer Schäffler 11 Fam. Keiß Hasenbergstraße 6 86486 Bonstetten	Tel: 08293 1071, 08293 7195	Backspätzle, Nudeln in versch. Ausformungen u. Geschmacksrichtungen, Kartoffeln, Eier, Säfte, eingemachtes Obst u. Gemüse, Fruchtaufstriche, Liköre, Wein	Fr 14.30 - 18.00 Uhr Sa 9.30 - 12.00 Uhr

Name, Adresse	Tel, E-Mail, Internet	Produkte	Verkauf
Stellenbauerhof 12 Peter u. Katja Pfisterer Adelgundisstraße 16 86420 Diedorf / Anhausen	Fax: 08238 508466 peter-pfisterer@gmx.de www.stellenbauerhof.de	Eier, Dinkelnudeln, Kartoffeln, Schinken, Olivenöle	SB-Hofladen, tägl. 7.00 - 19.00 Uhr
Ölmühle Hartmann 13 Marcus u. Stefanie Hartmann Lindenfeldweg 12 86420 Diedorf / Biburg	Tel: 0821 483144 Fax: 0821 4865373 info@koenig-der-oele.de www.koenig-der-oele.de	Kaltgepresste Speiseöle	jeden 1. Freitag im Monat 8.00 - 19.00 Uhr
Wildgehege Kindler 14 Rolf Kindler Rohrbergstraße 17 86424 Dinkelscherben	Tel: 08292 3262 Fax: 08292 950870 rolfkindler@gmx.de	Wildfleisch	Mo-Sa 6.30 - 18.00 Uhr oder telefonische Bestellung
Hofladen Leichtle 15 Evi Leichtle Hauptstraße 37 86679 Ellgau	Tel: 08273 9945380 Fax: 08273 9989380 info@hofladen-leichtle.de	Hähnchen, Puten, Enten, Gänse, küchenfertig u. in Teilen, Schnitzel, Filet usw., Nudeln, Kartoffeln	Sa 8.00 - 12.00 Uhr
Ökolandbau und Biohof-Laden Hesch 16 Martin Hesch Hauptstraße 43 86494 Emersacker Biobetrieb	Tel: 08293 1769 hesch-oekolandbau@gmx.de www.biohof-emersacker.de	Bio: Gemüse, Kartoffeln, Emmer, Einkorn, Urroggen, Braunhirse	Di/Mi/Fr 8.00 - 18.00 Uhr Sa 8.00 - 12.00 Uhr

Name, Adresse	Tel, E-Mail, Internet	Produkte	Verkauf
Spargelhof Zott 17 Josef Zott Bauernstraße 2 86850 Fischach / Aretried	Tel: 08236 5182 Fax: 08236 959706 furnier_simi@gmx.de	Spargel, Rohmilch	Rohmilch täglich rd. um die Uhr ab Hof, Spargel in der Saison: Mo-Fr 9.00 - 19.00 Uhr Sa/So 9.00 - 17.00 Uhr
Biolandhof Mang 18 Reinhold Mang Staudenstraße 2 86850 Fischach / Tronetshofen Biolandbetrieb	Tel: 0171 6041092 Fax: 08236 958667 mang@gmx.de pg/biohofmang/about	Bio: Eier, Milch, Milchprodukte, Joghurt, Käse, Sahne	24-h SB-Laden
Hofmetzgerei Zimmermann 19 Lena und Gudrun Zimmermann Angerstraße 3 86456 Gablingen	Tel: 08230 1760 Mobil: 0176 30346647 info@hofmetzgerei-zimmermann.de www.hofmetzgerei-zimmermann.de	Fleisch, Wurst, Gemüse, Käse, Eier, Milch	Mi 8.00 - 13.00 Uhr Fr 8.00 - 17.00 Uhr Sa 8.00 - 12.00 Uhr
Hafnerbauer 20 Franz Rotter Biberbacher Straße 46 86456 Gablingen Biolandbetrieb	Tel: 08230 1620 Fax: 08230 2079 rotter-gablingen@t-online.de www.hafnerbauer.de	Bio: Kartoffeln, Gemüse, Eier	Fr 8.00 - 17.00 Uhr Sa 8.00 - 12.00 Uhr Mo 8.00 - 12.00 Uhr
Hofladen Kratzer 21 Albert und Andreas Kratzer Hauptstraße 19 86456 Gablingen	Tel: 08230 7348 Fax: 08230 2630 info@hofladen-kratzer.de www.hofladen-kratzer.de	Eier, Nudeln, Eierlikör	Mo-Do 8.00 - 12.00 und 14.00 - 18.00 Uhr Fr 8.00 - 18.00 Uhr Sa 8.00 - 12.00 Uhr
Kürbishof Josef Kaufmann 22 Lützelburger Straße 4 86456 Gablingen	Tel: 08230 1546 Fax: 08230 1546	Kürbis, Zierkürbis	ab Hof, ab September täglich

Name, Adresse	Tel, E-Mail, Internet	Produkte	Verkauf
POHL + ROTH Bio Beeren Gemüse 23 Heiko Pohl Waldstraße 13b 86456 Gablingen / Lützelburg Biolandbetrieb	Tel: 08230 891795 biobeeren@t-online.de www.biobeeren-luetzelburg.de	Bio: Erdbeeren, Himbeeren, Johannisbeeren (rot, schwarz), Gemüse der Saison	Verkauf von Gemüse und Beeren ab Feld sowie Selbstpflücker möglich - Zeiten im Internet
Harle's Hofladen 24 Lorenz Harle Augsburger Straße 37 86368 Gersthofen	Tel: 0821 2992318 Fax: 0821 2498652 harles-hofladen@t-online.de	Rindfleisch, Schweinefleisch, ca. 50 Sorten Wurstwaren, Zukaufsortiment	Di 8.00 - 13.00 Uhr Fr 7.30 - 18.00 Uhr Sa 7.00 - 12.00 Uhr
Hofladen Krieger 25 Anton Krieger Peterhofstraße 5 86368 Gersthofen	Tel: 08230 9737 Fax: 08230 9735	Eier aus Freiland-haltung, Gemüse, Obst, Fleisch, Wurst, Honig, Nudeln, Mehl	Hofladen: Fr 11.00 - 18.00 Uhr Märkte: Gersthofen, Neusäß, Lechhausen
Kloster Oberschönenfeld 26 Oberschönenfeld 1 86459 Gessertshausen	Tel: 08238 96250 Fax: 08238 60065 abtei@oberschoenenfeld.de www.abtei-oberschoenenfeld.de/brotladen	Brot und Käse	Di-Fr 9.30 - 17.00 Uhr Sa 9.30 - 13.00 Uhr
Brauerei Schimpfle 27 Hauptstraße 16 86459 Gessertshausen	Tel: 08238 9637-0 Fax: 08238 7036 mail@brauerei-schimpfle.de www.brauerei-schimpfle.de	Bierspezialitäten, Mineralwasser, Erfrischungsgetränke	
Goisabauer 28 Hermann Dietrich Wohlleibstraße 18 86459 Gessertshausen / Wollishausen Biolandbetrieb	Tel: 08238 965861 milchziegenhof.dietrich@web.de	Bio: Ziegenmilch	ab Hof

Name, Adresse	Tel, E-Mail, Internet	Produkte	Verkauf
Kartoffelhof Zott 29 Lorenz Zott Angerstraße 30 86836 Graben	Tel: 08232 4566 Fax: 08232 1846189	Kartoffeln	Hofladen: 8.00 - 19.00 Uhr auf Vorbestellung, Wochmarkt in Graben
Schuster Mühle 30 Markus Schuster Reinhartshofer Straße 10 86845 Großaitingen	Tel: 08203 5024 Fax: 08203 6082 info@schuster-muehle.de www.schuster-muehle.de	Getreide, Bulgur, Mehl, Dinkel, Nudeln, Müsli, Gewürze, Backzutaten, Kerne & Nüsse, Trockenfrüchte, Essig, Öle, Aufstriche, Tee	
Bachmaier Josef 31 Reinhartshofer Straße 7 86845 Großaitingen Biobetrieb	Tel: 08203 951534	Bio: Honig	auf Anfrage
Bio & Frisch 32 Familie Egger Lindauer Str. 64 86845 Großaitingen Biobetrieb	Tel: 08203 6289	Bio: breites Naturkostsortiment	Do 16.00 - 18.00 Uhr Fr 9.00 - 18.00 Uhr
Aitinger Heckel 33 Reinhartshofer Straße 16 86845 Großaitingen	Tel: 0160 5861037 Heckel.GbR@web.de	Eier, Nudeln	24h-Eierautomat
Birkles Bauernhof 34 Alfred Birkle Türkheimer Straße 1 86856 Hiltenfingen	Tel: 08232 79216 Fax: 08232 905894 birkle1@mnet-mail.de www.birkles-bauernhof.de	Rohmilch aus dem Automaten	Milchautomat tägl. 7.30 - 19.00 Uhr

Name, Adresse	Tel, E-Mail, Internet	Produkte	Verkauf
Biolandhof Mayer 35 Wertinger Straße 17 86368 Hirblingen Biolandbetrieb	Tel: 0821 463549 Fax: 0821 4531539 info@biolandhof-mayer.de www.biolandhof-mayer.de	Bio: Fleisch, Wurst, Kartoffeln, Getreide, Mehl eigene Herstellung, Milchprodukte, Käse, Gemüse, Zukaufsortiment	Do 14.00 - 18.30 Uhr Fr 9.00 - 18.30 Uhr Sa 9.00 - 12.00 Uhr
Schmidbauer Hof Hirblingen 36 Martin und Paula Brem Wertinger Straße 13 86368 Hirblingen	Tel: 0821 463401 Fax: 0821 463453 martin.brem@t-online.de www.schmidbauerhof-hirblingen.de	Frühkartoffeln, Speisekartoffeln, Gourmetkartoffeln, hofeigene Eier, hofeigenes Geflügel, selbstg. Konfitüren, hausgemachte Eiernudeln, Gemüse der Saison, Wurst, Käse, Liköre	Mo 8.00 - 18.00 Uhr Do/Fr 8.00 - 18.00 Uhr Sa 8.00 - 13.00 Uhr
Fischfarm 37 Sven Mair Aspenbach 1 86497 Horgau	Tel: 08294 2581	Frischfisch, Räucherfisch, Fischfeinkost	Mi/Do/Fr 9.00 - 18.00 Uhr Sa 9.00 - 14.00 Uhr
Geflügelhof Wirth 38 Uwe Wirth An der Kohlstatt 1 86497 Horgau	Tel: 08294 803184 carolin.endres@web.de	Eier, Suppenhühner, Hähnchen, Flugenten, Enten, Puten, Perlhühner, reg. Zukaufsortiment	Mo/Di/Do 9.00 - 12.30 und 14.00 - 18.30 Uhr Mi 14.00 - 18.30 Uhr Fr 11.00 - 18.30 Uhr Sa 9.00 - 14.00 Uhr
Rothtal-Forellenzucht Räucherei Lange 39 Carsten Lange Mühlangerstraße 4 86497 Horgau / Bieselbach	Tel: 08294 2885 Fax: 08294 2521 info@rothtal-forellen.de www.rothtal-forellen.de	Lachsforellen, Saiblinge, Forellen fangfrisch, küchen-fertig ausgenommen oder filetiert, geräuchert, Räucherfisch-Platten nach Vorbestellung	ab Hof: Mo-Fr 8.00 - 19.00 Uhr Sa. 8.00 - 14.00 Uhr, bei Grillwetter - 19.00 Uhr Karfreitag und 24.12. bis 13.00 Uhr geöffnet

Name, Adresse	Tel, E-Mail, Internet	Produkte	Verkauf
Pilzverein Königsbrunn 40 Füssener Straße 5 86343 Königsbrunn	Tel: 08231 34819, Mobil: 0171 6723716 guenther.gross@maxi-bayern.de www.pilze-augsburg.de	Vermittlung von Pilzkenntnissen, Pilzberatung	Pilzberatung Ende August bis ca. Mitte Oktober - Stadtmarkt Augsburg montags von 16.00 - 17.30 Uhr u. Hotel Krone Königsbrunn 18.00 - 20.00 Uhr
Frisch Hof 41 Edith Frisch und Karin Orlamünder-Frisch Landsberger Straße 57 a 86343 Königsbrunn	Tel: 08231 4890 Fax: 08231 4816 frisch@frischhof.de www.frischhof.de	Eier, Geflügelfleisch u. -wurst, hausgem. Spätzle u. Eiernudeln, Marmeladen, Kartoffeln aus eig. Anbau, Eierlikör	Mo-Fr 8.00 - 18.00 Uhr Sa 8.00 - 12.30 Uhr, 24h-Eierautomat, Wochenmärkte: Pfersee, Hochzoll, Göggingen, Uni-Viertel, Bobingen, Königsbrunn, Graben
Ferien- und Kräuter Hof 42 Hermine und Max Gattinger Angerweg 86872 Konradshofen Biolandbetrieb	Tel: 08204 1741 Fax: 08204 704 info@ferienhof-gattinger.de www.ferienhof-gattinger.de	Bio: Marmelade, Obstbrände, Kräutersalze, Kräuter- u. Blütenessige, hausgemachter süß-scharfer Senf	nach Vereinbarung
Alois Korn 43 Hauptstraße 15 86707 Kühlental	Tel: 08273 2028 corna@gmx.eu	Galloway-Rindfleisch	auf Vorbestellung
Bio-Ölmühle Kappelbauer 44 Johannes Spenlger St.-Leonhard-Straße 39 86500 Kutzenhauen / Maingründel Biolandbetrieb	Tel: 08238 964925 Fax: 08238 964924 info@kappelbauer.de www.kappelbauer.de	Bio: Leindotteröl, Sonnenblumenöl, Rapsöl	Mo-Fr 8.00 - 12.00 Uhr

Name, Adresse	Tel, E-Mail, Internet	Produkte	Verkauf
Biolandhof Schlossbauer 45 Eva Maria Förg St.-Leonhard-Straße 39 86500 Kutzenhauen / Maingründel Biolandbetrieb	Tel: 08238 958095 Fax: 08238 958644 eva-maria.foerg@gmx.de	Bio: Eier, Kartoffeln, Frisch-Ei-Nudeln, Suppenhühner	SB-Hofladen täglich geöffnet von 8.00 - 20.00 Uhr
Kurzweil GmbH 46 Weine-Spirituosen-Präsente Andreas Kurzweil Krumbacher Straße 5 86863 Langenneufnach	Tel: 08239 364 Fax: 08239 642 info@kurzweil-wein.de www.kurzweil-wein.de	Weine, Spirituosen (auch aus eigener Herstellung), Präsente	Mo-Fr: 7.30 - 12.00 und 13.00 - 18.00 Uhr Sa 9.00 - 13.00 Uhr
Interessengemeinschaft Streuobstwiese Stauden e.V. 47 Wörishofer Straße 18 86863 Langenneufnach	Tel: 08239 1289 info@staudensaft.de www.staudensaft.de	Apfelsaft u. Apfelmischgetränke	Verkaufsstellen siehe Internetseite
Eier-Spatz 48 Josef Spatz Singoldstraße 1 86853 Langerringen / Schwabmühlhausen	Tel: 08248 1322 Fax: 08248 1322	Eier, Nudeln	24h-Automat
Schmuttertaler Imkerei 49 Doro Stuhlmüller Bauernstraße 24 86462 Langweid / Achsheim	Tel: 08230 2535 Mobil: 0160 7208832 Fax: 08230 2534 info@schmuttertaler-imkerei.de www.schmuttertaler-imkerei.de	Honig, Bienenwachsprodukte, Met, Propolis	nach telefonischer Vereinbarung

Name, Adresse	Tel, E-Mail, Internet	Produkte	Verkauf
Hofkäserei Peter - Genuss vom Land 50 Rudolf-Michael Peter Feigenhofer Straße 2 86462 Langweid / Achsheim	Tel: 08230 7317 Fax: 08230 1236 info@genuss-vom-land.de www.genuss-vom-land.de	Käse, Rohmilchkäse, Butter, Joghurt, Frischkäse, Wollschwein-Spezialitäten: Fleisch- u. Wurst, Brot	Fr 12.00 - 17.00 Uhr Sa 8.00 - 12.00 Uhr
Imkerei Melanie und Christian Rutt 51 Herrenholzanger 1 86462 Langweid / Stettenhofen	Tel: 0821 2993473 Mobil: 0172 8256650 familierutt@biomail.de	Lindenblütenhonig, Waldhonig, Blütenhonig, Kerzen, Bienenwach	Sa 9.00 - 12.00 Uhr
Hoflädle 52 Marlies und Georg Deisenhofer Mühlstraße 10 86405 Meitingen / Herbertshofen	Tel: 08271 3546 Fax: 08271 426914	Eier, Milch, Nudeln, Dinkelprodukte, Honig, Weine, Liköre, Schokolade, Pralinen, Mehl, Müsli	Mo-Fr 9.00 - 16.00 und 18.00 - 20.00 Uhr Sa 9.00 - 16.00 Uhr
Mel's Imkerei 53 Alexander und Melanie Janz Ährenring 5 86866 Mickhausen	Tel: 08204 298629 shesho@freenet.de	Honig, Bienenprodukte, Imkereiprodukte	ab Hof, Vorbestellung möglich
Hofladen Merk 54 Tina und Josef Merk Anger Straße 1 86356 Neusäß	Tel: 0821 4860913 hofladen-merk@gmx.de www.hofladen-merk.de	Färsenfleisch, Wurst, Freilandeier, Mehl, Nudeln, Honig, Aufstriche, Apfelwein, Gewürze, Obst, Gemüse, Joghurt, Müsli	Do/Fr 9.30 - 12.00 und 14.00 - 17.00 Uhr
Hofladen Martin Böhm 55 Von-Rehlingen-Straße 44 86356 Neusäß	Tel: 0821 482107 Fax: 0821 482103 martin.boehm-westheim@t-online.de	Geflügel, Eier, Kartoffeln	Mo/Do/Fr 8.00 - 12.30 und 14.30 - 18.30 Uhr Sa 8.00 - 12.30 Uhr

Name, Adresse	Tel, E-Mail, Internet	Produkte	Verkauf
Landkäserei Reißler 56 Stefan Kaiser Schmutterstraße 5a 86695 Nordendorf	Tel: 08273 994080 Fax: 08273 9940818 info@kaeserei-reissler.de www.kaeserei-reissler.de	Käsespezialitäten von Weichkäse bis Schnittkäse, Milchprodukte, Schnäpse, reg. Zusatzsortiment, Käsereiführungen und Verkostungen	Mo-Fr 8.00 - 18.00 Uhr Sa 8.00 - 12.00 Uhr im Winter jeden Freitag Kässpätzleessen von 11.00 - 14.00 Uhr
Zusamtaler Saftmanufaktur 57 Thomas Garner Kohlstattweg 2 86479 Obergessertshausen / Aichen im Landkreis Günzburg	Tel: 08262 960673 garner.obergessertshausen@freenet.de www.zusamsaft.de	Apfel-, Mischsäfte aus Streuobst, Honig, Cidre	nach telefonischer Vereinbarung, diverse Märkte
Pfänder-Hof 58 Johann und Florian Pfänder Krumbacher Straße 71 86830 Schwabmünchen Biolandbetrieb	Tel: 08232 8501 Fax: 08232 906222 info@pfaender-hof.de www.pfaender-hof.de	Bio: Gemüse, Kartoffeln, Käse, Naturkostsortiment	Mo-Sa 9.00 - 12.00 Uhr Mo-Mi 15.00 - 19.00 Uhr Do 9.00 - 19.00 Uhr Wochenmarkt Schwabmünchen
Direktvermarktung Bernd Huber 59 Krumbacher Straße 80 86830 Schwabmünchen	Tel: 08232 4448 Fax: 08232 909900 hubershof@web.de	Schweinefleisch, Wurst- und Schinkenspezialitäten	Hofladen: Fr 8.00 - 12.00 Uhr Sa. 8.00 - 13.00 Uhr
Webers Milchhütten 60 Stefan u. Gisela Weber Schafhof 2 86830 Schwabmünchen	Tel: 08232 78169	Milch, Bioeier (Automat)	täglich 7.00 - 20.00 Uhr

Name, Adresse	Tel, E-Mail, Internet	Produkte	Verkauf
Hofladen Thum 61 Familie Thum Bauernstraße 21 86391 Stadtbergen	Tel: 0821 431771 Fax: 0821 2431229 thum-josef@t-online.de www.hofladen-thum.de	Fleisch- und Wurstwaren, heiße Theke, Feinkost, Wurstplatten, Geflügelprodukte, Fisch, Eier, Backwaren, Nudeln, Molkereiprodukte, Weine, Honig, Kartoffeln, Obst und Gemüse	Do/Fr 8.00 - 18.00 Uhr Sa 8.00 - 12.00 Uhr
Michael Niedermair 62 Haupstraße 8 86391 Stadtbergen / Leitershofen	Tel: 0821 435690 Fax: 0821 435693	Tomaten, Gurken, Salate, Gemüse, Sommerblumen	7.00 - 18.00 Uhr
Bioladen Naturoase 63 Barbara Satzinger Dinkelscherbener Straße 3 86514 Ustersbach Bioladen	Tel: 08236 5503 Fax: 08236 962980 naturoase-bs@web.de www.naturoase-ev.de	Regionale Lebensmittel	Fr 9.30 - 18.00 Uhr Mo 15.00 - 18.00 Uhr
Hofladen Schuster 64 Stefan Schuster Hauptstraße 30 86514 Ustersbach	Tel: 08236 958308 Fax: 08236 958553	Kartoffeln, saisonales Gemüse, Eier, Nudeln, Käse, Biohonig, Milch, Wurstdosen	SB-Markt 8.00 - 18.00 Uhr, Angusfleisch auf Bestellung
Zott - Destillerie 65 Familie Zott Hauptstraße 32 86514 Ustersbach	Tel: 08236 1518 Fax: 08236 962141 info@zott-destillerie.de www.zott-destillerie.de	Edelobstbrände, Liköre, Gin	Hofladen (Sept - Juni): Mo-Do 13.00 - 18.00 Uhr Fr 9.00 - 12.00 und 13.00 - 18.00 Uhr Sa 9.00 - 12.00 Uhr

Name, Adresse	Tel, E-Mail, Internet	Produkte	Verkauf
Zott - Obsthof 66 Familie Zott Hauptstraße 32 86514 Ustersbach	Tel: 08236 1518 Fax: 08236 962141 info@zott-obsthof.de www.zott-obsthof.de	Himbeeren, Heidelbeeren, Kirschen, Birnen, Äpfel, Aprikosen, Sauerkirschen, Zwetschgen, Christbäume	Selbstpflückanlagen: Juli - August Verkaufszeiten im Dezember tägl. 9.00 - 18.00 Uhr
Biolandhof Ellenrieder 67 Johann Ellenrieder Hauptstraße 36 86514 Usterbach Biolandbetrieb	Tel: 08236 712 Fax: 08236 5649 johann.ellenrieder@t-online.de	Kartoffeln, Dinkel, Weizen, Roggen, Dinkelmehl, Weizenmehl	ganztägig nach telefonischer Vereinbarung
Privatbrauerei Ustersbach 68 Familie Schmid Hauptsraße 39 86514 Ustersbach	Tel: 08236 589750 Fax: 08236 589-759 heimdienst@ustersbacher.com www.ustersbacher.com	Bierspezialitäten, Mineralwasser, Erfrischungsgetränke	Hausverkauf: Mo-Fr 9.00 - 12.00 und 13.00 - 16.00 Uhr und Heimservice Getränkehandel
Biolandhof Karl 69 Margit und Christoph Karl Am Burgberg 1 86877 Walkertshofen Biolandbetrieb	Tel: 08239 7340 Fax: 08239 959394 familie-karl@t-online.de www.biolandhof-karl.de	Bio: Naturkostwarensortiment, Gemüse, Obst, Eier, Käse	Di 17.00 - 18.00 Uhr Fr 9.00 - 12.00 und 14.00 - 18.00 Uhr Sa 9.00 - 12.00 Uhr
Altstetters Hofladen 70 Martin Altstetter Schörrstraße 6 86877 Walkertshofen	Tel: 08232 2266, 08239 7302 Fax: 08232 71778, 08239 7156 info@altstetters.de www.altstetters.de	Schweinefleisch, Rindfleisch, Kalbfleisch, Lammfleisch, Wild, Wurstwaren	Hofladen: Di/Do/Fr 8.00 - 12.00 und 14.00 - 18.00 Uhr Sa 8.00 - 12.00 Uhr Bauernmarkt Schwabmünchen

Name, Adresse	Tel, E-Mail, Internet	Produkte	Verkauf
Die Honigsammler 71 Rainer Bickel und Susanne Frey Auwiesenstraße 23 86517 Wehringen Naturlandbetrieb	Tel: 08234 903839 Fax: 08234 903839 info@die-honigsammler.de www.die-honigsammler.de	Bio: Honig, Spezialitäten mit Honig, Blütenpollen, Met-Honigwein, Bienenwachskerzen	Ab Hof, nach telefonischer Vereinbarung, Staudenhaus Oberschönenfeld, regionale Märkte und Weihnachtsmärkte
Rösterei Bohnenschmiede 72 Maximilian Schmid und Stefan Steidle Singoldstraße 19 86517 Wehringen	Tel: 08234 3720 info@roesterei-bohnenschmiede.de www.roesterei-bohnenschmiede.de	hochwertige u. erlesene Spitzenkaffees aus den besten Anbaugebieten der Welt	Fr 9.00 - 15.00 Uhr Sa 9.00 - 13.00 Uhr, an Rösttagen 9.00 - 18.00 Uhr oder nach telefonischer Vereinbarung
Hofladen "Beim Schukarle" 73 Franziska und Alexander Wiedemann Riedstraße 32 86707 Westendorf	Tel: 08273 1289 Fax: 08273 997271 info@schukarle.de www.schukarle.de	Eier, Nudeln, Mehl, Kartoffeln, Zwiebeln, Wurstwaren, Gewürze, saisonales Obst & Gemüse	Mo/Mi/Sa 8.00 - 12.30 Uhr Di/Do/Fr 8.00 - 12.30 und 14.00 - 18.00 Uhr Wochenmärkte in Meitingen, Burgau und Thierhaupten
Schwarzbräu 74 Marktplatz 6 86441 Zusmarshausen	Tel. 08291 880 Fax: 08291 8844 versand@schwarzbraeu.de www.schwarzbraeu.de	Bierspezialitäten, Mineralwasser, Erfrischungsgetränke	Getränkehandel

Augsburger Mundart

Bautza	Schupfnudeln
Brobiera gat ibr schtudiera	Probieren geht über studieren
Brotzeita ond kalte Schmankerla	Brotzeiten und kalte Schmankerl
Da muasch no	Da musst Du hin
driba	drüben
drzua basst/bassn	dazu passt/passen
Ebbes Rechts	Hauptspeisen
Ebbes Siass henda noch	Süßspeisen
Flädle	Pfannkuchenstreifen
Gmias	Gemüse
Gockel, Göckel	Hahn, Hähne
Griasknedel	Grießklößchen
Haible	Haube
Haisle	Häuschen
Hasch des scho gheart?	Hast Du das schon gehört?
Hasch des scho gwisst?	Hast Du das schon gewusst?
Kiachla	Küchlein
Kirscha	Kirschen
Kloinigkeita	Vorspeisen
Knedel	Knödel/Kloß
Kuacha	Kuchen
Käskuacha	Käsekuchen
Nudla	Nudeln
Oirhaber	Kaiserschmarrn
Rehrle	Röhrchen, Backofen
roicht	reicht, ausreichend
Schiffla	Schiffchen
So gats au	So geht es auch
So kamas au macha	So kann man es auch machen
Supp, Suppa	Suppe, Suppen
Wölkla	Wölkchen
Woog	Waage
Zwetschga	Zwetschgen

Augsburger Saisonkalender

Angebot	Jan	Feb	Mär	Apr	Mai	Jun	Jul	Aug	Sep	Okt	Nov	Dez
Gemüse												
Artischocken							X	X	X	X	X	
Aubergine						X	X	X	X	X	X	
Bayerische Rübe								X	X	X		
Blumenkohl					X	X	X	X	X	X	X	
Bohnen, grün						X	X	X	X	X	X	
Brokkoli					X	X	X	X	X	X	X	
Blaukraut	X	X	X				X	X	X	X	X	X
Erbsen					X	X	X					
Fenchel					X	X	X	X	X	X		
Grünkohl	X	X						X	X	X	X	X
Gurke, Salatgurke					X	X	X	X	X			
Gurke, Einlegegurke						X	X	X				
Jungpflanzen				X	X	X	X					
Karotten	X	X	X	X	X	X	X	X	X	X	X	X
Kartoffeln	X	X	X	X			X	X	X	X	X	X
Knoblauch									X	X	X	X
Knollensellerie	X	X	X	X	X	X	X	X	X	X	X	X
Kohlrabi				X	X	X	X	X	X	X	X	
Kohlrabi, Winter-	X	X	X							X	X	X
Kohlrübe	X	X	X							X	X	X
Kräuter			X	X	X	X	X	X	X	X	X	X
Kräuter: Basilikum					X	X	X	X	X			
Kräuter: Dill				X	X	X	X	X	X	X		
Kräuter: Kerbel				X	X	X	X	X	X	X		
Kräuter: Korianderkraut				X	X	X	X	X	X	X		
Kräuter: Kresse	X	X										X
Kräuter: Petersilie	X	X	X	X	X	X	X	X	X	X	X	X

Angebot	Jan	Feb	Mär	Apr	Mai	Jun	Jul	Aug	Sep	Okt	Nov	Dez
Kräuter: Rosmarin						X	X	X	X	X		
Kräuter: Sauerampfer				X	X	X	X	X	X	X		
Kräuter: Schnittlauch	X	X	X	X	X	X	X	X	X	X	X	X
Kräuter: Thymian						X	X	X	X	X		
Kürbis	X	X	X				X	X	X	X	X	X
Lauch	X	X	X			X	X	X	X	X	X	X
Lauch-, Frühlingszwiebel				X	X	X	X	X				
Mangold	X				X	X	X	X	X	X	X	X
Meerrettich	X	X	X	X					X	X	X	X
Paprika						X	X	X	X	X	X	
Pastinaken	X	X	X				X	X	X	X	X	X
Radieschen			X	X	X	X	X	X	X	X		
Rettich	X	X			X	X	X	X	X	X	X	X
Romanesco					X	X	X	X	X	X	X	
Rosenkohl	X	X	X						X	X	X	X
Rote Bete	X	X	X	X		X	X	X	X	X	X	X
Spargel				X	X	X						
Speiserübchen	X				X	X	X	X	X	X	X	X
Spinat		X	X	X	X	X	X	X	X	X	X	X
Spitzkraut					X	X	X	X	X	X	X	X
Staudensellerie								X	X	X		
Steckrüben	X	X							X	X	X	X
Tomaten						X	X	X	X	X	X	
Weißkraut	X	X	X			X	X	X	X	X	X	X
Winterrettich	X	X	X	X				X	X	X	X	X
Wirsing	X	X				X	X	X	X	X	X	X
Wurzelpetersilie	X	X					X	X	X	X	X	X
Zucchini					X	X	X	X	X	X		
Zuckermais					X	X	X	X	X	X	X	
Zuckerschoten					X	X						
Zwiebeln	X	X	X	X	X	X	X	X	X	X	X	X
Salate												
Asia Green	X	X	X	X								
Batavia, rot, grün					X	X	X	X	X	X	X	

Angebot	Jan	Feb	Mär	Apr	Mai	Jun	Jul	Aug	Sep	Okt	Nov	Dez
Chinakohl	X				X	X	X	X	X	X	X	X
Chicoree	X	X							X	X	X	X
Eichblatt			X	X	X	X	X	X	X	X	X	
Eisberg					X	X	X	X	X	X	X	
Endivien									X	X	X	X
Feldsalat	X	X	X	X					X	X	X	X
Kopfsalat				X	X	X	X	X	X	X	X	
Lollo Rosso				X	X	X	X	X	X	X		
Postelein/Portulak	X	X	X							X	X	X
Radicchio	X	X							X	X	X	X
Romana					X	X	X	X	X			
Rucola				X	X	X		X	X	X	X	
Sommersalate				X	X	X	X	X	X	X	X	
Zuckerhut	X	X							X	X	X	X
Obst/Nüsse												
Apfel	X	X	X						X	X	X	X
Aprikose									X			
Birne									X	X	X	X
Brombeeren							X					
Erdbeeren					X	X	X					
Haselnüsse	X	X	X	X	X				X	X	X	X
Heidelbeeren							X	X				
Himbeeren						X	X					
Johannisbeeren						X	X	X				
Jostabeeren						X	X	X				
Kirschen					X	X						
Quitten											X	X
Rhabarber			X	X	X	X						
Sauerkirschen/Weichseln						X	X					
Stachelbeeren						X	X	X				
Walnüsse	X	X	X	X	X				X	X	X	X
Zwetschgen/Pflaumen									X	X		

Der Augsburger Saisonkalender spiegelt das jahreszeitliche Angebot von Gemüse, Kräutern, Salaten und Obst im Landkreis Augsburg wider, gilt aber selbstverständlich zur Orientierung auch für andere Regionen. Das Angebot kann bei den Erzeugern von Jahr zu Jahr schwanken.

Rezepte nach Gangfolge

Suppa und andre Kloinigkeita

Ebbes Rechts

BROTZEITA UND KALTE SCHMANKERLA

EBBES SIASS HENDA NOCH ODR AUSM REHRLE

GRUNDREZEPTE

Rezepte Alphabetisch

Schmeckt³ Verlag

Buchspezialitäten für Genuss und Lebensfreude

Unser Verlagsprogramm

Kreativ bayerisch schimpfen in Wort und Bild - interaktiv in Buchform. Ein illustrierter Kombinierspaß für eingefleischte Bayern, integrationsinteressierte Zuagroaste, heimatverbundene Ausgroaste und Liebhaber des bildhaften Wortwitzes. Mit 576 Kombinationsmöglichkeiten ist der Grantler-Kreativität kaum eine Grenze gesetzt. A Biachal fir a fetzn Gaudi!

Autoren: Kerstin Stalleicher, Melanie Franke, 48 Seiten, durchgängig in Farbe, Format: 10,75 x 21,5 cm, Ringbindung mit Klappkarten, 1. Auflage (2013)
9,95 € [D]
ISBN 978-3-9814027-4-2

Das bio-regionale Kochbuch „Hohenlohe schmeckt“ stillt den Hunger auf regionale Leckerbissen in Bio-Qualität und bietet Kochbegeisterten und Entdeckern kulinarischer Geheimnisse eine bebilderte Vielfalt an genussvollen Rezepten, lebendigen Hofgeschichten, Küchentipps und Empfehlungen zu sehenswerten Plätzen rings um Kocher, Jagst und Tauber.

Autoren: Eva Reichert, Marion Hofmeier, Thomas Sadler, 192 Seiten, jedes Rezept mit Bild, durchgängig in Farbe, Format: 21x21 cm, Hardcover, 2. Auflage (2017)
25,- € [D]
ISBN 978-3-9814027-3-5

Eine kulinarische Sinnesreise durch den Chiemgau mit regionalen und bayerischen Schmankerln, sowie neuen Rezepten. Bio-Erzeuger der Region geben Einblick in ihre Hofgeschichte und verraten ihr Lieblingsrezept. Abgerundet mit Küchen- und Einkaufstipps sowie Wissenswertem über entdeckenswerte Plätze im Chiemgau.

Autoren: Thomas Sadler, Marion Hofmeier, Eva Reichert, 192 Seiten, jedes Rezept mit Bild, durchgängig in Farbe, Format: 21x21 cm, Hardcover, 1. Auflage (2011)
25,- € [D]
ISBN 978-3-9814027-0-4

Es gibt Gerichte und Geschichten, die überraschen immer wieder. So überrascht das Kochbuch „Freising Schmeckt“ mit Gerichten wie dem „Bayerischen Rübendauch“ oder der „Falschen Wildsau“, der Vielzahl an regionalen Bio-Erzeugnissen und den Geschichten der Menschen, die hinter diesen Produkten stehen.

Autoren: Thomas Sadler, Marion Hofmeier, Eva Reichert, 192 Seiten, jedes Rezept mit Bild, durchgängig in Farbe, Format: 21x21 cm, Hardcover, 3. Auflage (2017)
25,- € [D]
ISBN 978-3-9814027-2-8

Alle Bücher auf FSC-Papier in Deutschland gedruckt. Weitere Informationen unter www.schmeckthochdrei.de
Alle Bücher im Buchhandel erhältlich. Viel Spaß beim schmökern und entdecken!